假如没有月亮

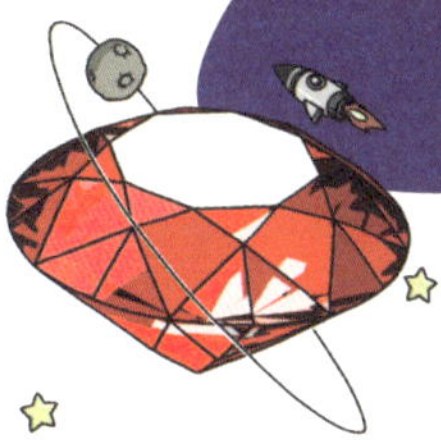

[日] 瑠衣 著　崔斌 译

江苏凤凰文艺出版社
JIANGSU PHOENIX LITERATURE AND ART PUBLISHING

图书在版编目（CIP）数据

假如没有月亮 / (日) 瑠衣著 ; 崔斌译. -- 南京 : 江苏凤凰文艺出版社, 2024. 12. -- ISBN 978-7-5594-9146-6

Ⅰ. Z228.1

中国国家版本馆CIP数据核字第20248T0F30号

版权局著作权登记号：图字 10-2024-112

假如没有月亮

[日] 瑠衣 著　崔斌 译

责任编辑　王昕宁

特约编辑　周晓晗 李　茹

责任印制　杨　丹

出版发行　江苏凤凰文艺出版社

南京市中央路165号，邮编：210009

网　　址　http:// www.jswenyi.com

印　　刷　天津联城印刷有限公司

开　　本　880毫米 × 1230毫米　1/32

印　　张　5.25

字　　数　60千字

版　　次　2024年12月第1版

印　　次　2024年12月第1次印刷

书　　号　ISBN 978-7-5594-9146-6

定　　价　48.00元

前言

世上有许多不可思议的事情，你知道了一定会大吃一惊。

宇宙中的天体、可怕的生物、雄伟壮丽的自然现象……数都数不过来。

然而，这些学校都不会教，在生活中也没有听过。

“如果没有了月球，地球会怎么样？”

“世界上最危险的树是什么树？”

“燃烧了50多年的巨坑在哪里？”

……这些大家平时想都想不到的不可思议的现象，

我们将在本书中逐一介绍，并从科学的角度解开它们的机制和原理。

现在，就随我们一起去探索吧！

布兰

一个熟悉科学、头脑冷静的女孩。头上总是戴着一副大护目镜。YouTube 频道“瑠衣讲科学”中的讲解人。

努瓦尔

一个对一切事物都带着疑问、好奇心旺盛的女孩。大大的可爱蝴蝶结是她的特点。YouTube 频道“瑠衣讲科学”中的提问者。

努瓦尔，
在这儿做什么呢？

啊，布兰！今天好像要在书里讲科学呢。

在书里讲解，蛮有意思的！

那今天我们讲一讲那些不可思议的科学怎么样啊？

不可思议的科学？

是呀，就是从科学角度讲一讲世界上那些不可思议的现象。

哎呀，有点意思！

这次也邀请你和我一起讲哦。

知道啦！

好，那我们就开始讲解不可思议的科学吧！

那就请多关照啦。

目录

第 1 章

可怕的宇宙

第 2 章

可怕的生物

第3章

可怕的物质

第 4 章

世界上的可怕现象

第1章

可怕的宇宙

第 1 章

如果没有了月球会怎样？

夜空中悬挂着美丽的月亮。可是，如果没有了月球会怎样呢？那可就不得了了……

潮水的涨落幅度会变小

科学家认为，很久很久以前，地球曾与像火星那么大的星体相撞，月球就是撞击后的碎片汇集而成的。月球和太阳用引力吸引着海水，引起了地球上的潮涨潮落。

如果没有了月球，潮水的涨落幅度会比现在小得多。不但如此，地球的环境也会与现在完全不一样。

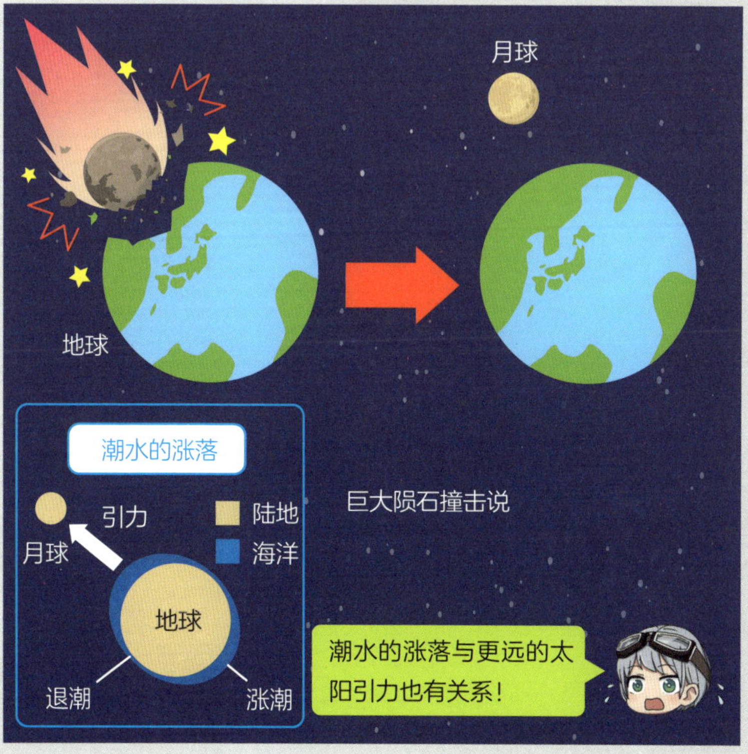

1天会变成8个小时？

地球刚形成时，地球的自转速度非常快，1天只有6个小时。可是，由于太阳引力的作用，地球的自转速度逐渐变慢，变成了1天8个小时。月球形成后，在它的引力作用下，潮水的涨落规模变得更大，地球的自转速度因此变得更慢，一天就变成了24小时。

如果没有了月球的引力，地球上的1天现在还是8个小时。

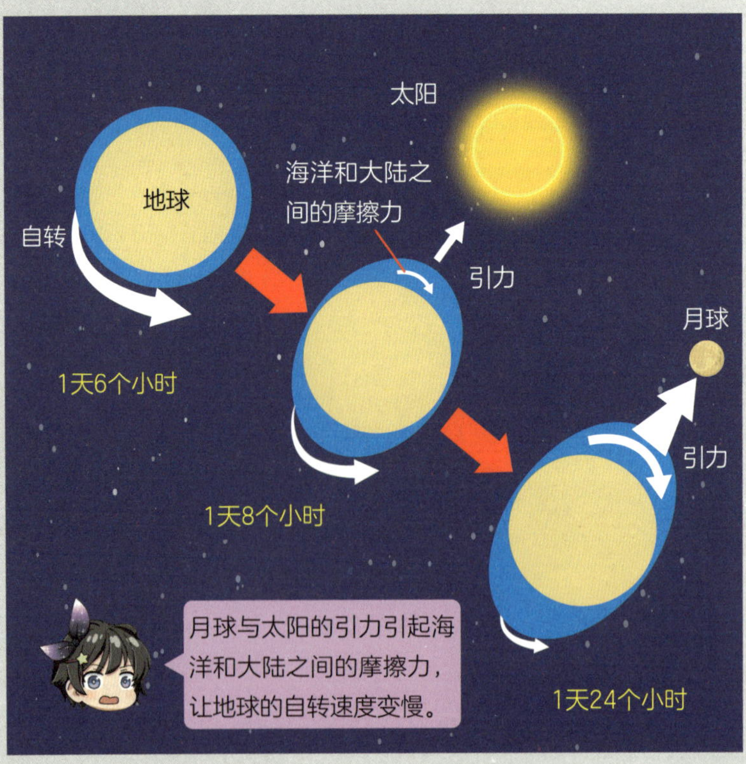

暴风一直肆虐的世界

地球上刮的风实际上与地球的自转大有关系。如果地球的1天还是8个小时，地球的自转速度会是现在的3倍。

这样一来，地球上的风速会比现在更快，风力也更强，还可能经常发生时速300千米的大风暴。如果没有月球的引力，地球也许就不会像现在这样适宜居住吧。

如果没有月球，地球上的生物会变成什么样？

如果没有月球，暴露在暴风中的动物、花草大概很难活下去。为了能在强力的暴风中生存，动物们也许会进化出扁平的身体，皮肤变得像铠甲一样又厚又硬。

而且，如果1天只有8个小时，生活也会和现在完全不一样。像飞蛾那样利用月光在夜间活动的生物也就不复存在了。

极热天气与极寒天气会循环出现？

地球自转时约倾斜23.4°。地球的这个倾斜角度之所以能保持稳定，也是得益于月球的引力。

如果没有月球，地球的倾斜角度会随着时间发生很大变动。

如果地球自转倾斜的角度是90°，地球就会变成非常热的夏天与非常冷的冬天每半年循环一次，不再是今天这样适宜生物生存的星球。

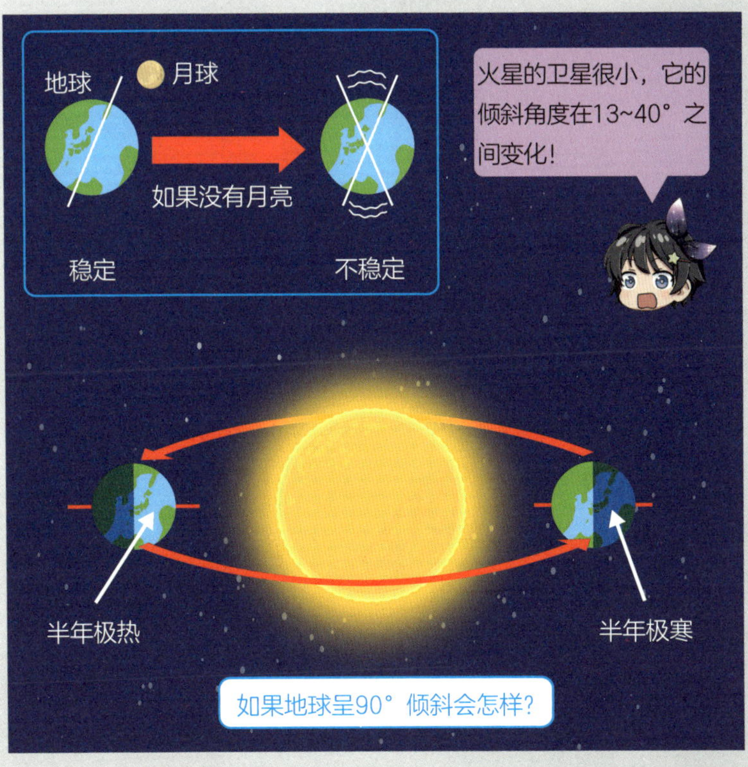

如果太阳突然消失了会怎样？

白天亮、夏天热都是因为有太阳。如果太阳突然消失了，地球会怎样呢？

太阳光可不只为了照明

如果太阳突然消失了，世界会立即变得一片漆黑。实际上，可不仅仅是变黑。

太阳发出的光中不仅有肉眼能看见的光，还有很多红外线、紫外线等肉眼看不见的光。特别是红外线，能很好地传热，因此春天会变暖，夏天会变热。

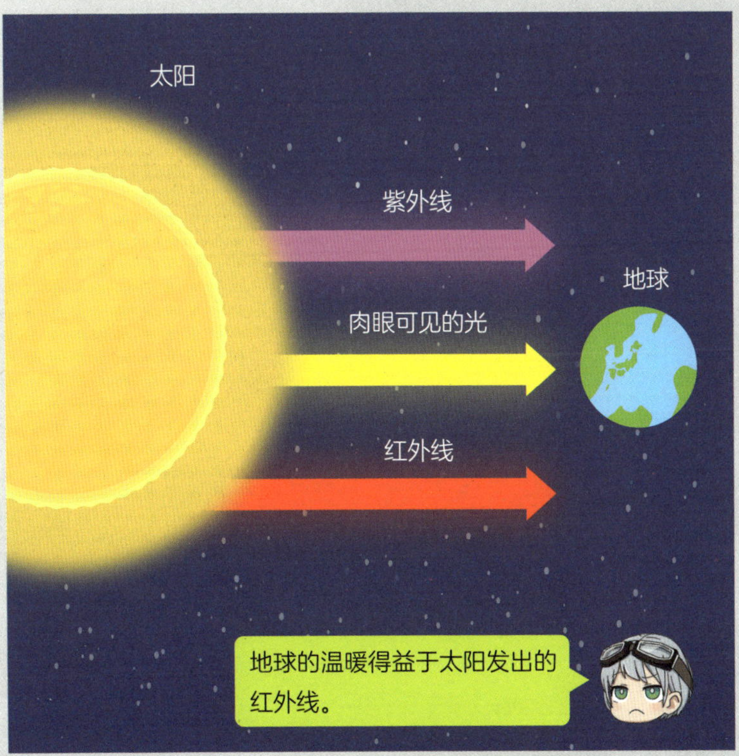

变成极寒世界

没有了阳光，地球得不到红外线等光的照射，气温会快速下降。

目前，地球上的平均气温约为15℃。如果没有了太阳，地球上的气温会在1周内变成0℃，再过几个月海平面会全部结冰。

之后气温仍然会继续下降，因此，包括人类在内的绝大多数生物都将无法生存。

不再有食物

即使人类利用科学技术在极寒的环境中生存下来，还是会有别的问题。

没有太阳光，通过光合作用生产营养的植物就无法生存，吃植物的食草动物、吃食草动物的肉食动物也都无法生存。

这样一来，人类也就无法获得用于食用的肉和蔬菜，没有食物，当然也就无法生存了。

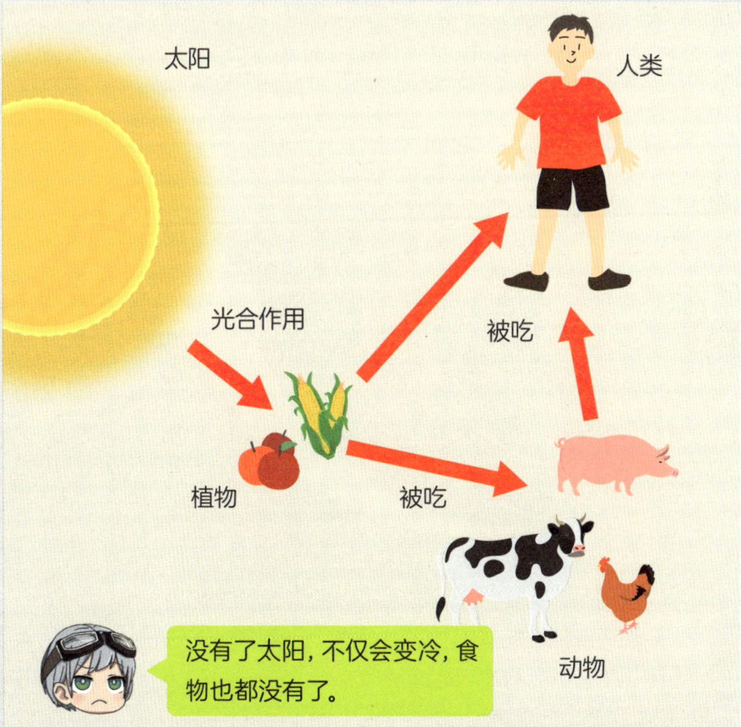

飞出太阳系的地球

地球绕着太阳转，是因为太阳引力。太阳包含着太阳系中99.8%的物质。包括地球在内的各行星能够绕着太阳转，正是得益于太阳巨大的质量所产生的引力。

如果没有了太阳，也就不再有太阳引力，地球也许会飞出太阳系，与陨石或其他星球相撞。

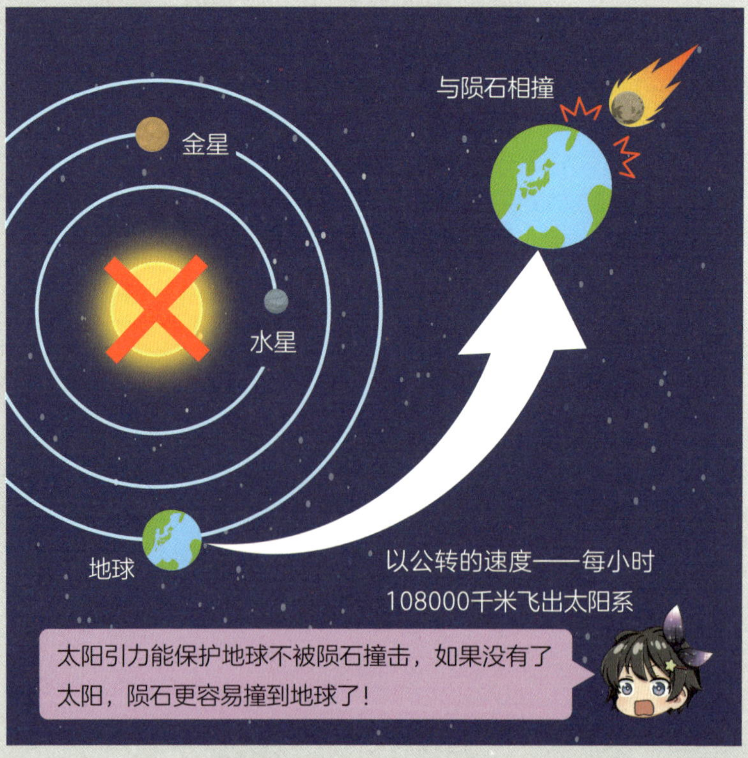

太阳的寿命还有50亿年

太阳虽然不会突然消失，但也不会一直存在下去。

科学家认为太阳的寿命约为100亿年。自太阳形成至今，已经过去了约46亿年，由此可以推算出太阳还要再过50多亿年才会毁灭。

不过，自人类诞生以来才过了约20万年。在50亿年后的未来，人类还会存在吗？

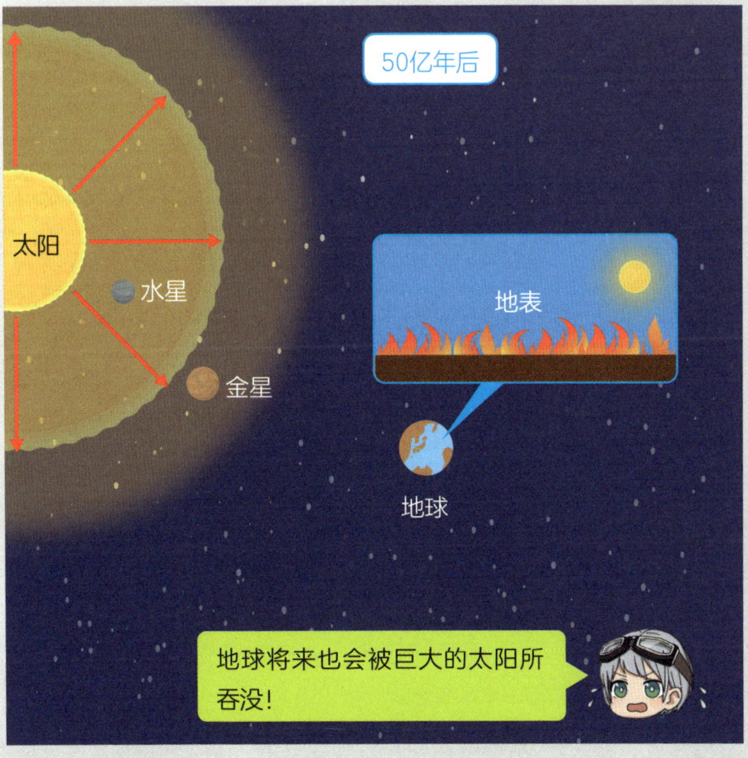

第1章

如果地球也有行星环会怎样？

如果地球也有行星环，看起来就会和土星一样有趣了。不过，也有不好的地方……

土星环到底是什么？

土星环几乎都是由冰粒构成的。说是冰粒，小的直径也有几厘米，大的约有几米。

关于土星为什么会有环，科学界有这么几种说法：有人认为是宇宙的尘埃汇集成土星时，剩余的尘埃继续绕着土星转，继而形成了环；也有人认为是土星的卫星与陨石等相撞，产生的碎片变成了环。

为什么地球没有行星环？

像土星这样的大行星质量重、引力也大，容易吸引其他的小行星。被吸引过来的小行星会被大行星的引力作用所破坏，它的碎片就形成了行星环。

地球与土星相比要小得多，引力也弱得多，很少会吸引到其他的小行星，自然也就很难形成行星环。

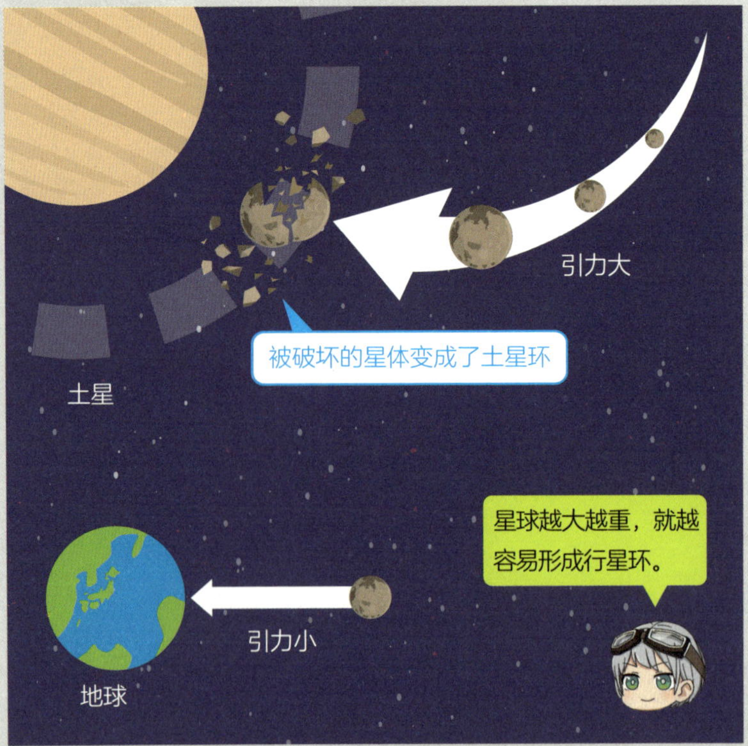

有环的行星和没有环的行星

地球很难形成行星环还有其他原因。与土星相比，地球距离太阳更近，形成环的材料——冰受到太阳的热量都融化了。

总而言之，越大、离太阳越远的行星越容易形成行星环。实际上，比较一下太阳系的各大行星就会发现，离太阳更远的木星、土星、天王星、海王星都有行星环，而且它们都比地球大。

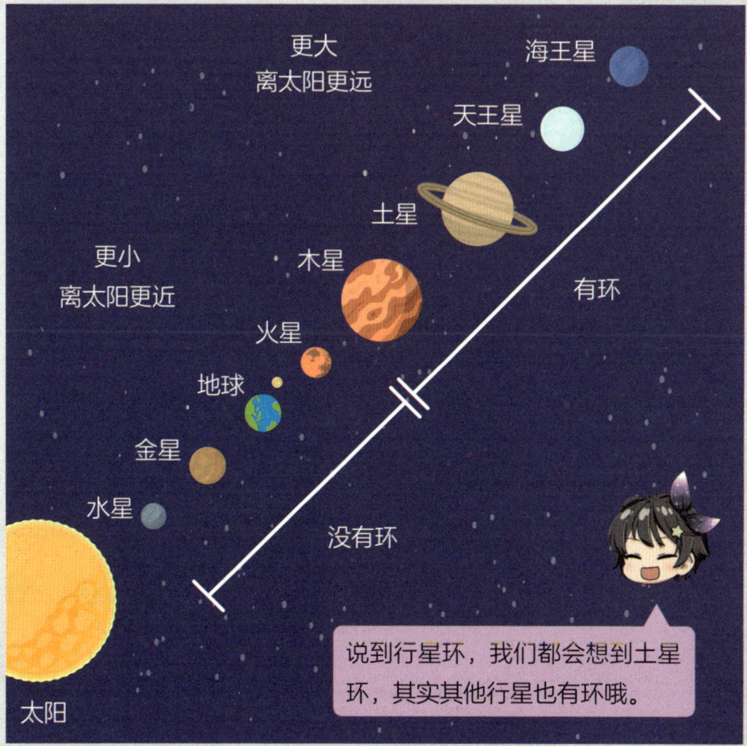

如果地球也有行星环会怎样？

天王星、海王星也有行星环，不过它们都是岩石构成的。因此，地球也许会形成岩石的行星环。

赤道上如果形成巨大的环，我们从地面上也能清楚地看到。从有的地方看它像巨大的彩虹，从赤道附近看像一条线。此外，环还会像月球那样反射太阳光，即使到了夜晚，这道巨大的环也能闪闪放光、照亮地面。

真有了行星环麻烦也不少

然而，如果地球形成了行星环，也不一定都是好事。

进入行星环阴影下的地方即使在白天也得不到太阳光照，因此这些地方的冬天会比现在难熬得多。阴影下的植物、动物，当然还有人类也会活得十分艰难。

在“地球环”的妨碍之下，发射火箭会特别困难，这将是另外一个问题。

钻石形成的极热行星到底是什么？

钻石在地球上十分珍贵，因此价格也很高昂。可是广阔的宇宙之中，竟然有钻石形成的星球……

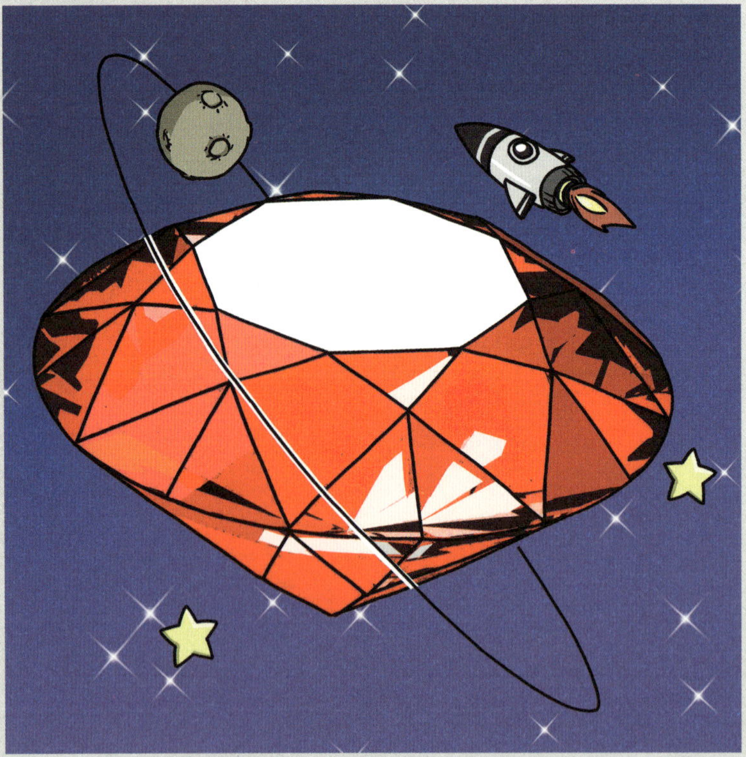

钻石形成的行星

“钻石形成的行星”被发现于2004年。这颗行星就是距离地球约40光年的“巨蟹座55e”。

这颗行星的直径大约是地球的2倍，重量约是地球的8倍。钻石约占这颗行星重量的1/3，光行星上的钻石就相当于3个地球的重量。

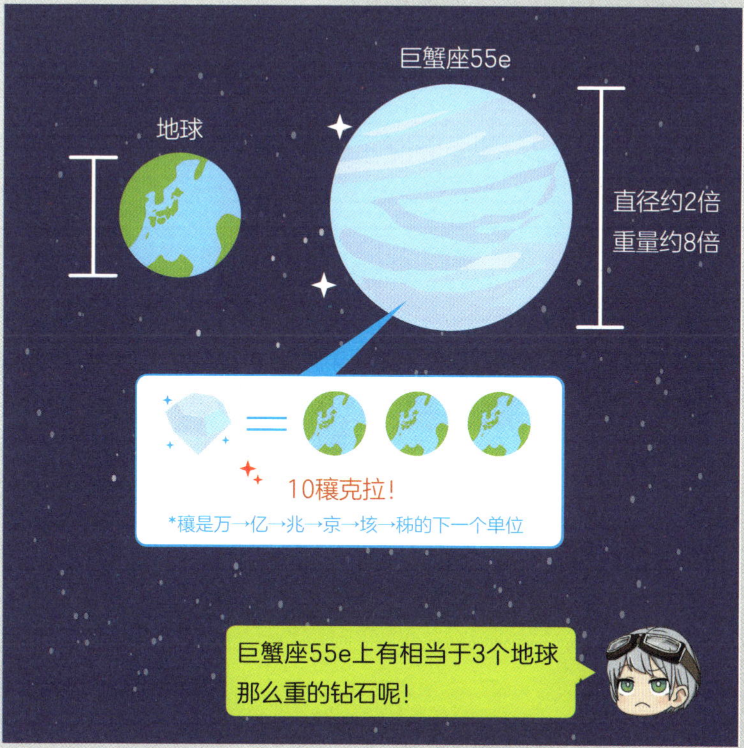

构成钻石的材料是碳

钻石的构成成分与煤炭、铅笔芯一样，都是碳。地球主要是由氧、硅、铝等成分构成的，而巨蟹座55e则主要是由碳、铁等构成的。也就是说，这颗行星与地球相比含有大量钻石的成分——碳。

不过，光有碳还不能形成钻石。

产生钻石的极热星球

钻石是在高温高压下形成的宝石。也就是说，巨蟹座55e是一颗极高温、极高压的行星，它的表面温度可达2150℃。

巨蟹座55e离与太阳一样热的巨蟹座55A非常近，是一颗绕着巨蟹座55A转的行星。它们之间的距离只有地球与太阳之间距离的约1/64。因此，这颗行星热得不得了，使碳容易形成钻石。

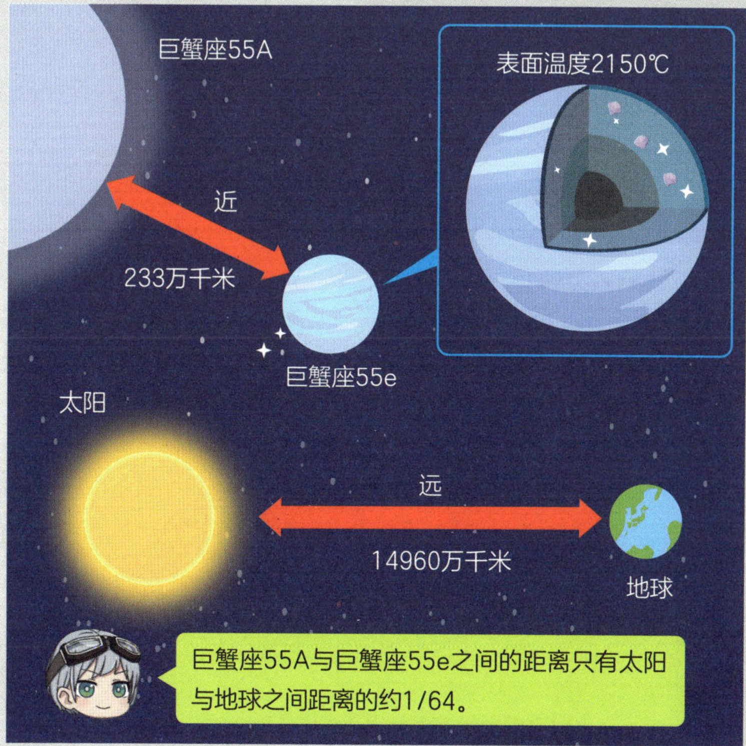

能去那个行星上开采钻石吗？

如果能去巨蟹座55e开采许多钻石，一定能发大财。然而，以现在的科技水平还无法做到这一点。

巨蟹座55e距离地球40光年。要到那里去，哪怕是光速也得花40年。而且，即使历经千辛万苦抵达，刚到这颗2150℃的星球，宇宙飞船就会整个融化掉。

将来可能会变得粉碎

钻石是这个世界上最坚硬的物质之一。可是硬不代表不容易损坏，其实用锤子等一敲它就碎了，真让人感到意外。

巨蟹座55e距离巨蟹座55A太近，因此这颗行星将来可能会在巨大的引力作用下变得粉碎。在遥远的未来，从这颗粉碎的行星上开采钻石的那一天或许真的会到来。

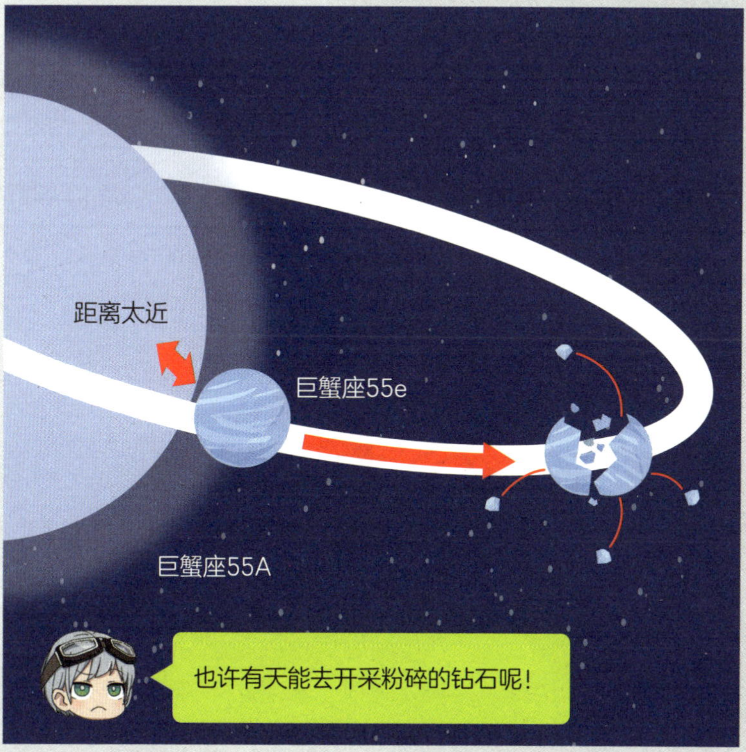

第 1 章

如果不加防护地暴露在太空中会怎样？

如果不穿宇航服就飞到没有空气的太空中会发生什么事情呢？结果是我们预想不到的……

太空中没有空气

在地球上，物体会受到重力这种将其拉向地面的力的作用，因此，地球上存在的大量空气会向我们的身体施加压力。

这种压力叫做气压，不过由于人体里也有和气压相同的压力，能把空气推回去，所以我们才不会被压瘪。

而越往高处走，气压就越小。在太空中，压力就几乎不存在了。

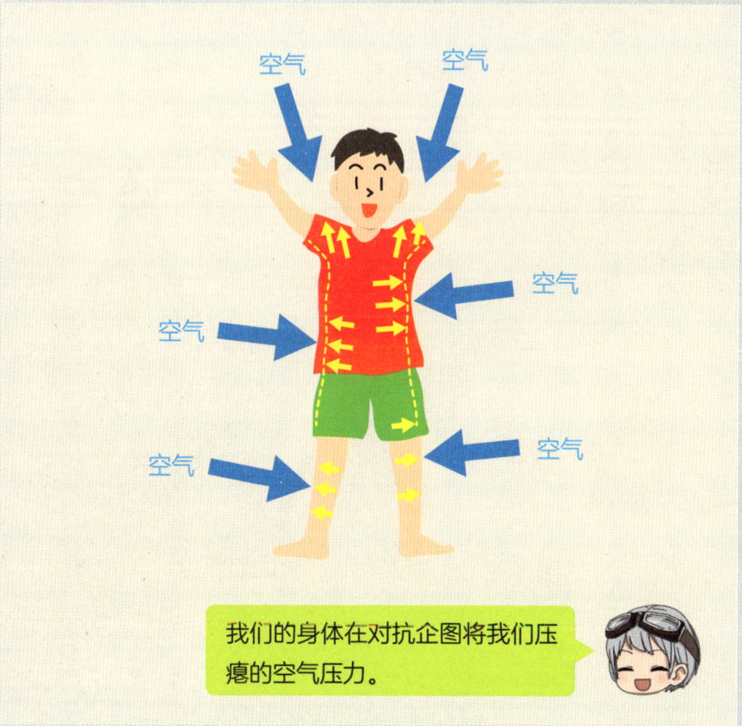

身体会爆炸？

大家可能会想象，如果不加防护地进入太空中，体内的水与压力就会膨胀，迫使身体爆炸，这是真的吗？

实际上，即使气压为零（真空），人也不会膨胀。不过，溶于体液的空气会产生气泡，引起减压症（肺部等出血）。

虽然人体内的气泡会膨胀，但人的皮肤很结实，整个身体不会膨胀变大。

太冷了会冻死？

太空是超低温环境，气温约为零下270℃。这么冷大家可能以为人会在一瞬间冻僵，但其实不会这样。

冬天我们觉得冷，是因为冰冷的空气会冷却我们的身体。然而，太空中并没有空气，无论气温多低，都没有让我们身体冷却的东西。

因此，即使在超低温的太空之中，我们也不会被立刻冻死。

会在90秒内窒息而死

实际上，如果人被放到太空中，大约90秒就会窒息而死。这是因为肺里的空气会膨胀并跑到太空中，人就不能呼吸。

大家也许会以为，只要憋住呼吸就好了，可是在太空中呼吸是不受我们控制的。空气会在强大的压力下被释放出去，即使捂住嘴巴和鼻子，空气也会从耳朵等其他孔洞逃出去。当然，还不能吸气。

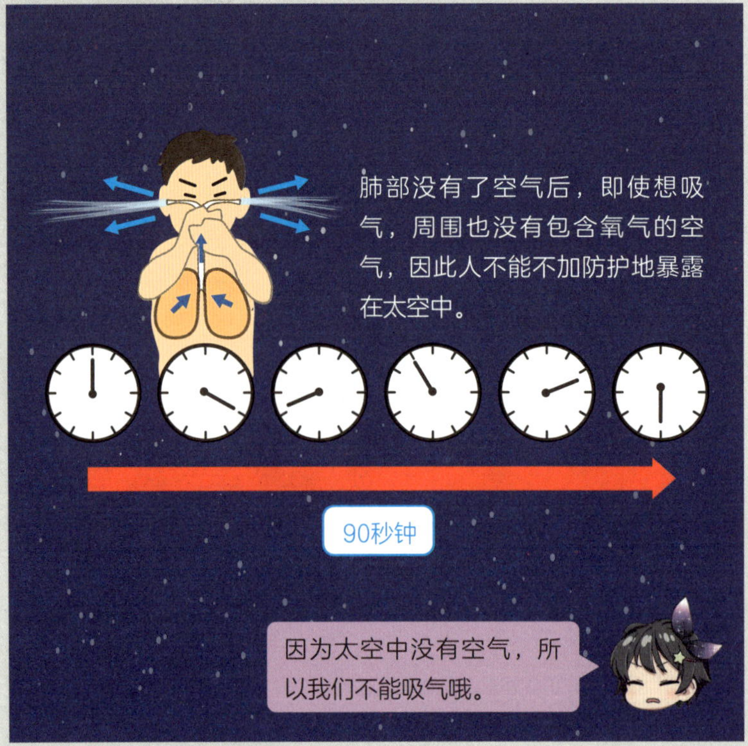

曾发生在航天中心的事故

在没有空气的真空状态下，不能持续给大脑供给氧气，人大约10秒钟就会气绝而亡。

1965年，在美国航空航天局（NASA）的航天中心，有人错误地泄漏了航天装置中的空气，结果航天员在12~15秒就丧失了知觉，好在工作人员立即又将空气填充了回去，才保住了航天员的性命。

这次事故告诉我们，不加防护地进入太空中是多么危险。

第 1 章

可能撞上地球的小行星

巨大的陨石或小行星撞上地球，世界就完了。这种可能性有多大呢？

有可能撞击地球的小行星

目前为止，人类已经在地球附近发现了27000颗小行星。其中，撞击地球会造成严重损害的直径140米级小行星有2000多颗。不过，目前还没有发现200年以内会撞击地球的直径100米以上的小行星。

然而，每年都会新发现2500颗新星，科学家们一直在监视那些有危险性的小行星。

人类能保卫地球吗？

我们总能在电影中看到发射导弹击毁小行星、保卫地球的场景。实际上，用导弹很难击毁小行星，即使成功击毁，四散的碎片也可能会撞击到地球。

比较务实的方法是让小行星偏离撞击地球的轨道。NASA目前就在研究如何用探测器撞击较小的行星，使其偏离前进的方向。

撞击防不住

约6600万年前，恐龙因为一颗直径10~15千米的小行星撞地球而灭绝。如果知道今后有颗较大的小行星会撞击地球，现在的我们能做点什么呢？

很遗憾，答案是无能为力。以现在人类的力量既不能把它击毁，也不能让它偏离轨道，因此，包括人类在内的地球上大部分的生物都会灭绝。

第1章

如果黑洞靠近地球会怎样?

有重力的黑洞能吸引一切。如果黑洞靠近地球，地球会怎样呢?

连光都不能脱离

大星球迎来寿命终点时，会在自己的重力作用下坍缩，变成黑洞。

从一般的天体上以一定的初速度发射火箭，火箭就能脱离这颗天体。从月球上发射火箭的初速度要超过2.4千米/秒，在地球上发射要达到11.2千米/秒以上。

然而，由于黑洞重力太大，以世界上最快的速度一光速（约300000千米/秒）也不能脱离黑洞。

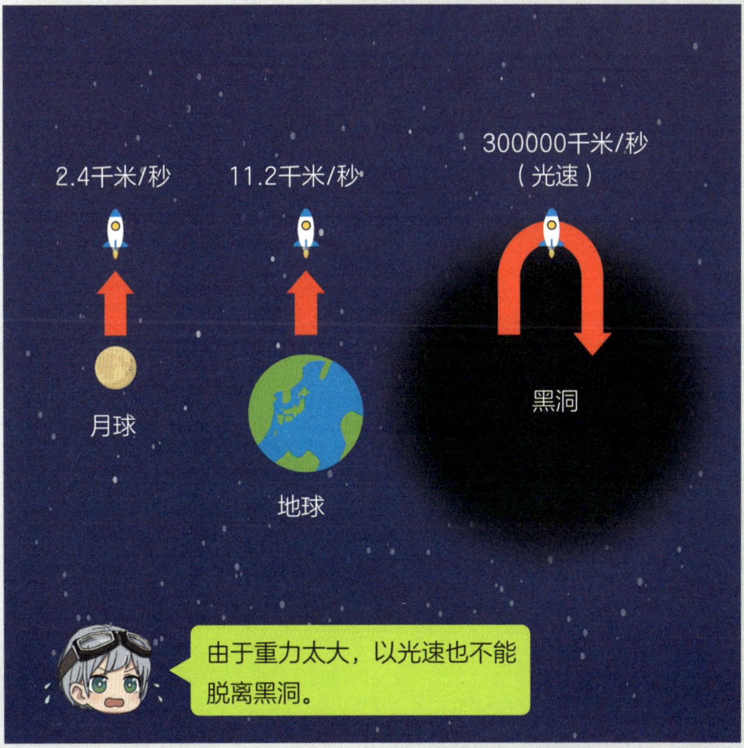

地球会偏离轨道

拥有太阳3倍重量的黑洞在银河系中游荡，如果它来到太阳系附近会发生什么事情呢?

假如黑洞来到木星附近，绕着太阳稳定公转的地球等行星就可能大大偏离轨道。如此一来，地球可能会被甩出太阳系，或者撞上太阳。

陆地会一团糟

即使地球轨道维持原状，如果黑洞继续靠近地球，就会吸走地表的大气，在地表形成大量巨大的低气压旋涡。

因此，生物会遭受暴风雨的猛烈侵袭，无法在极端的天气变化中生存。

此外，还会频繁发生建筑物倒塌、洪水、山体滑坡、塌方等灾害。

地球会被黑洞吞噬

如果黑洞继续靠近，它的重力会拉扯地球。大家可以想象一下月球的重力引发潮涨潮落，黑洞重力巨大，整个地球都会受到它的拉扯。

这时，地球中较重的部分——地核会在黑洞的重力下向黑洞移动。最终，地球会遭到毁灭，被黑洞吞噬。

黑洞会毫发无损

因为黑洞的质量比地球大得多，即使与地球相撞，它的轨道和速度都几乎不会改变。对黑洞来说，与地球相撞不是什么大不了的事。

另外，由于地球大部分都被黑洞吞噬了，只会剩下一点残骸。黑洞通过地球后，会像拖着尾巴一样拖着地球的残骸离去。

第1章

笼罩银河的神秘物质——暗物质

大家听说过暗物质、暗能量吗？它们到底是什么？

我们只了解宇宙物质的5%

事实上，人类了解的物质只占宇宙的5%。我们周围的物体，地球、土星等行星，夜空中的群星都只不过占宇宙物质的5%而已。

此外，还有27%被称为“暗物质”，剩余的68%叫做“暗能量”。这些物质到底是什么呢？

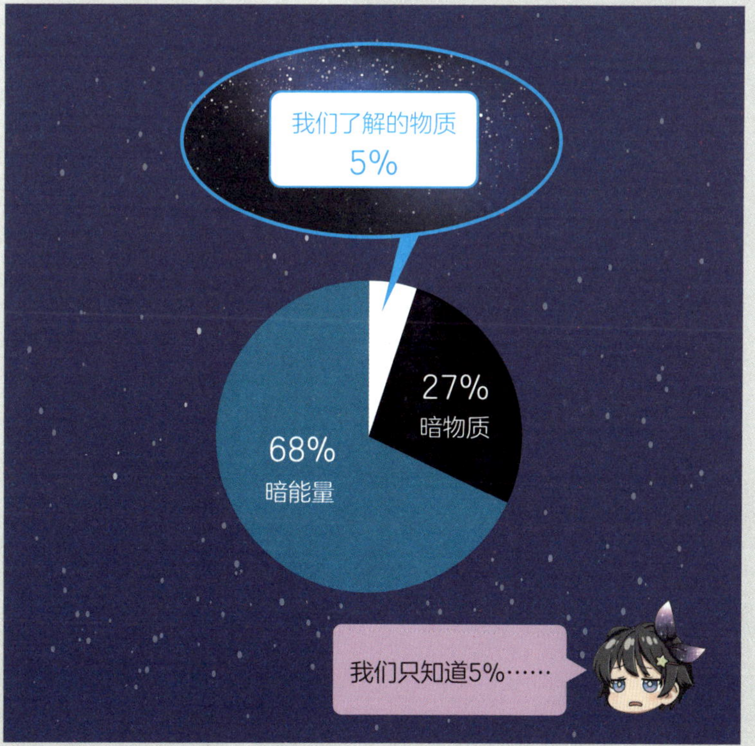

暗物质用肉眼看不见

暗物质虽然是有质量的物质，但我们的眼睛根本无法看见它们。那么我们如何知道这种物质的存在呢？

证据之一是用望远镜观察夜空，偶尔会在两个方向上看到同一个银河系。质量大的物质会使经过它附近的光发生弯曲。因此，从银河系发出的光被暗物质扭曲，于是我们有时能从两个方向都看到银河系。

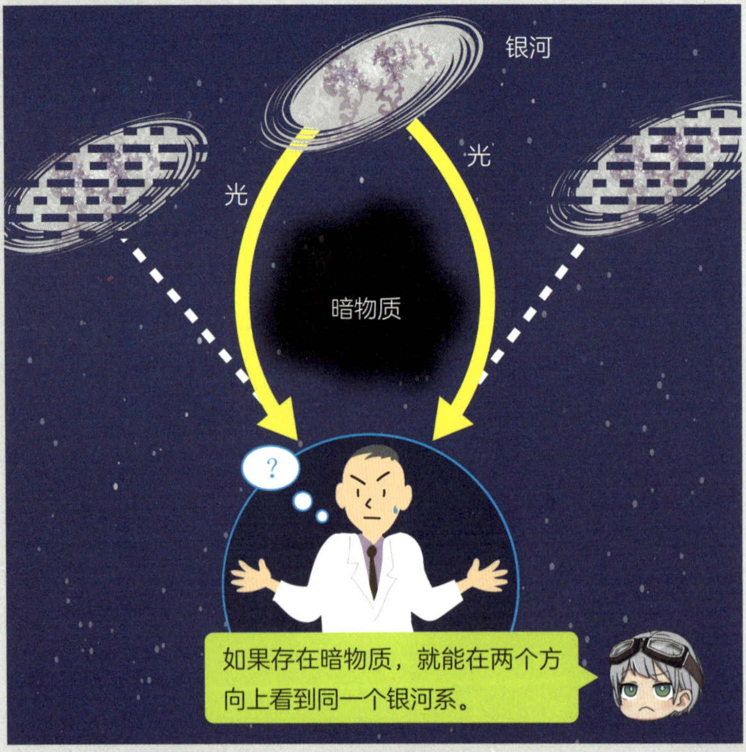

暗物质摸不着

两个巨大的银河团相撞会发生大爆炸。虽然暗物质大多和银河在一起，但不可思议的是，暗物质可以避开与其他物质的撞击。

暗物质不会与普通物质或暗物质相撞。由于看不见摸不着，研究暗物质变得很困难。

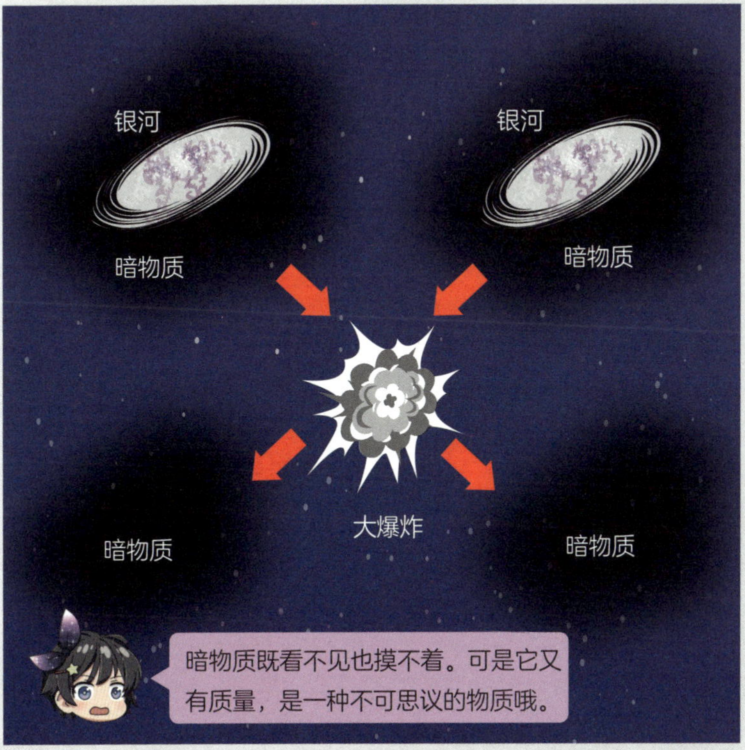

暗能量甚至都无法观测

通过研究，科学家发现有一种强大的神秘力量会让空间发生膨胀，宇宙因此逐渐变大。这种神秘的力量叫做暗能量。可是，与暗物质不同的是，暗能量完全无法观测，它到底是什么，我们一无所知。

不过，研究结果表明，暗物质与暗能量以一定的比例存在于宇宙之中。

第2章 可怕的生物

第 2 章

世界上最危险的树——毒番石榴树

毒番石榴的外表看上去和苹果一模一样，然而它毒性极强，吃了可能会致命。结这种果实的危险植物到底是什么？

吃了这种果子，喉咙像火烧一样

生长在美国南部、墨西哥部分地区的毒番石榴树据说是世界上最危险的树。这种树能长到约15米高，结出的绿色果实和苹果很像。

事实上，这种果实有剧毒。吃了后刚开始会觉得甜，但不一会儿喉咙就会烫得像火烧一样，让人感到撕裂般的疼痛，喉咙还会肿起来，不能再吞咽任何食物。

死亡小苹果

毒番石榴有“死亡小苹果”之称，是一种让人万分恐惧的水果。吃了不仅会损伤喉咙，肠胃也会溃烂、出血。

不过，近年来几乎没有人因吃了毒番石榴的果实而死亡的。想到还有乌头、秋水仙等其他误食会致死的植物，好像毒番石榴也没那么危险了……

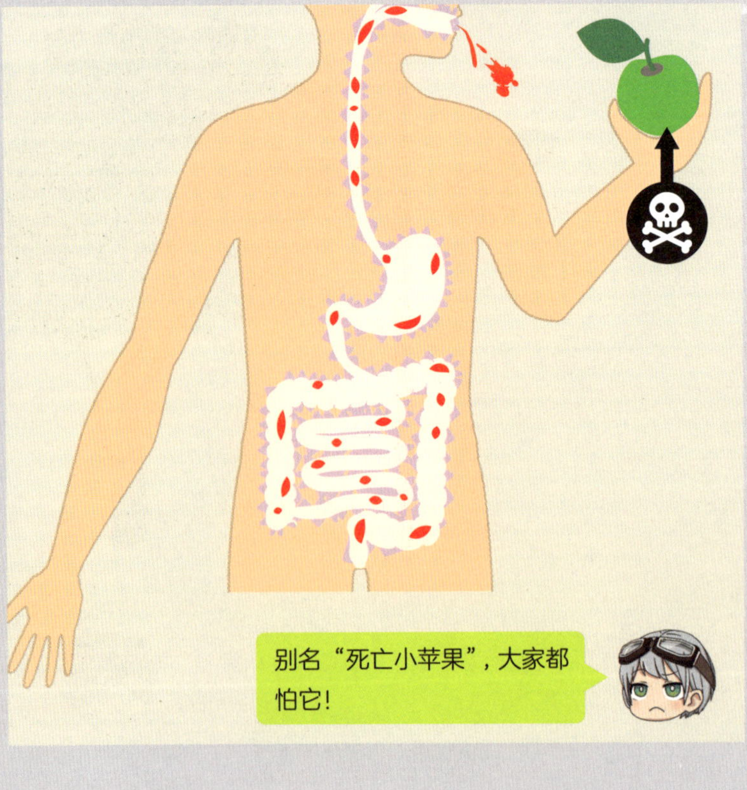

果实以外的部分也有毒

毒番石榴的可怕之处不只在果实，整棵树都有毒。哪怕只是摸一摸毒番石榴的树干与树叶都会遭到剧痛侵袭。

而且它的有毒成分还溶于水，下雨时会溶入雨水中。如果有人想在毒番石榴树下避雨，全身都会剧痛。哪怕只是靠近一下都很危险。

烧了也有麻烦

这么危险的树，把它烧了怎么样？烧毒番石榴树会冒出有毒的烟。眼睛、咽喉、鼻子、肺等呼吸器官可就遭殃了。记录世界之最的《吉尼斯世界纪录》就把毒番石榴树列为世界上最危险的树。它的毒性非常强，以至于过去的人们曾经把毒番石榴的毒涂在箭上、做成毒箭，将其用作武器。

不过毒番石榴也有用处

这么可怕的毒番石榴，因为木质坚硬，是一种很受欢迎的木材。当然，砍伐的时候必须特别小心，经过充分干燥后去除有毒成分，就可以用作木材。

亚洲虽然没有毒番石榴树，但也生长着很多有毒植物。像毒蘑菇之类的，大家千万不要误食、不要碰哦。

第 2 章

死不了的生物

不老、不死……这不是做梦吗？可是真有死不了的生物！

最强生物——水熊

水熊又叫熊虫，体长只有1毫米左右，被称为世界最强的生物。周围没有水，它们就会变成不死之身进入“干眠”状态，不再活动。

水熊能承受150℃的超高温、零下250℃的超低温、75000个气压的压力，即使被扔到太空环境中，受到人类致死辐射量100倍的放射线照射，仍然死不了。

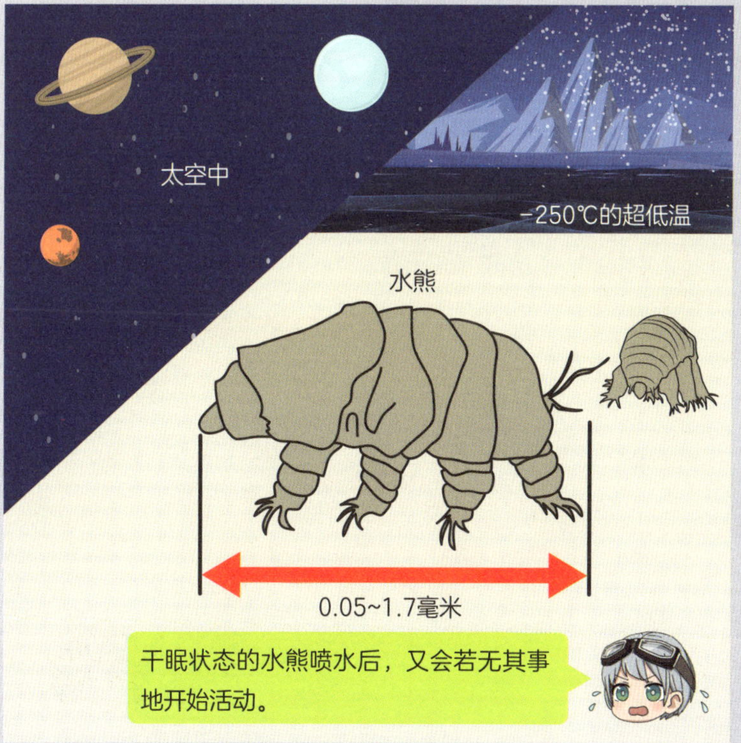

砍不死的涡虫

涡虫体长2厘米左右，身体就像扁平的蛞蝓一样。

涡虫最让人惊异的特征是“砍不死”。如果身体被切开，各个被切开的部分全都会再生，变成不同的涡虫再开始活动。

倘若将涡虫切成100块，就会生出100条涡虫。

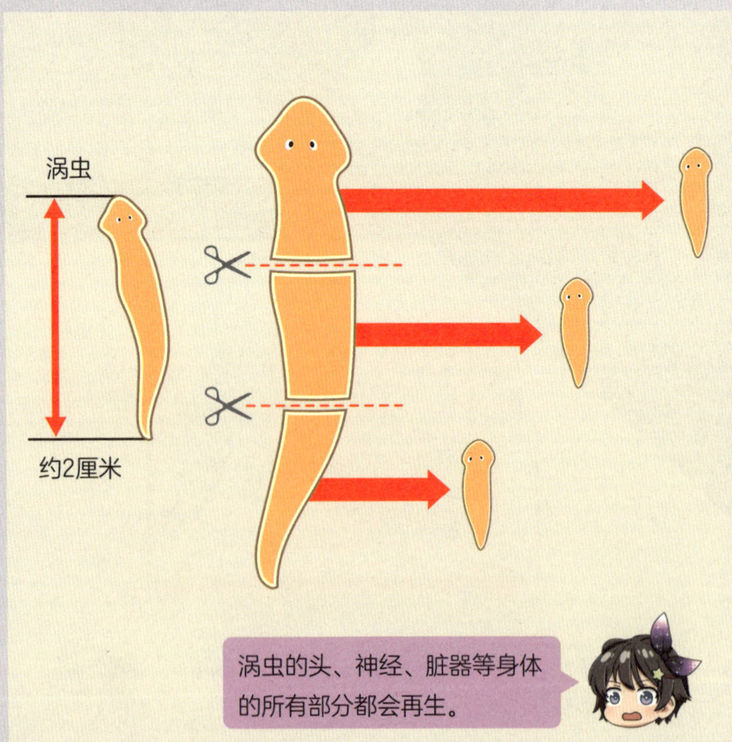

再生能力的秘密

为什么涡虫的再生能力这么强呢？这是因为它身体里几乎所有的细胞都记得各个脏器或神经在什么位置、有多大等信息。

因此，无论被切成多么小的块，剩下的细胞都知道该怎样让身体再生。医学界也十分关注涡虫，研究如何让它在再生医疗方面发挥作用。

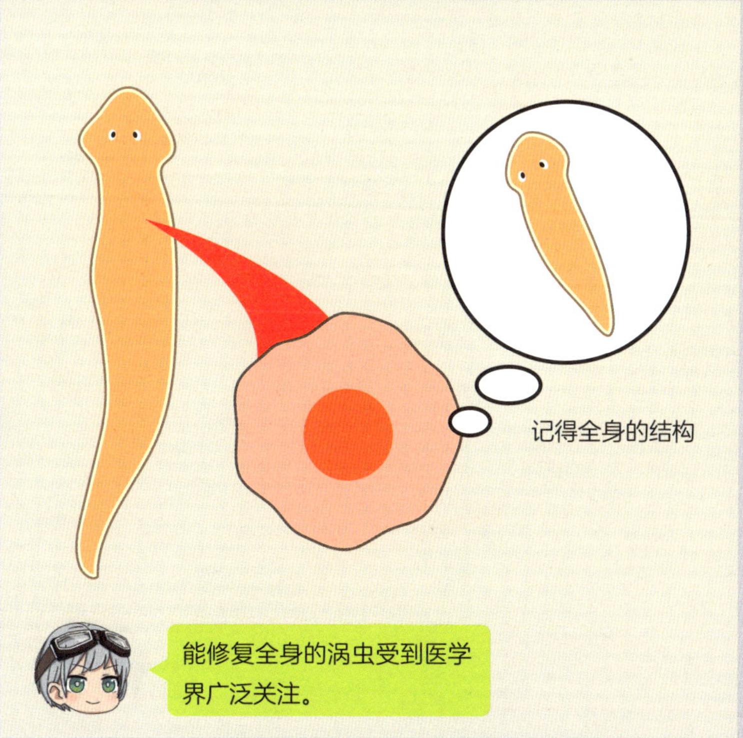

不断返老还童的灯塔水母

有一种水母叫做灯塔水母，因永生不死、长生不老而广为人知。

每当灯塔水母快要死的时候，它就会返老还童，变回水母型之前的“水螅型”状态。而这个水螅型经过一段时间的生长，会重新形成水母型。灯塔水母正是每到濒临死亡时就变回水螅型，成了永生不死的生物。

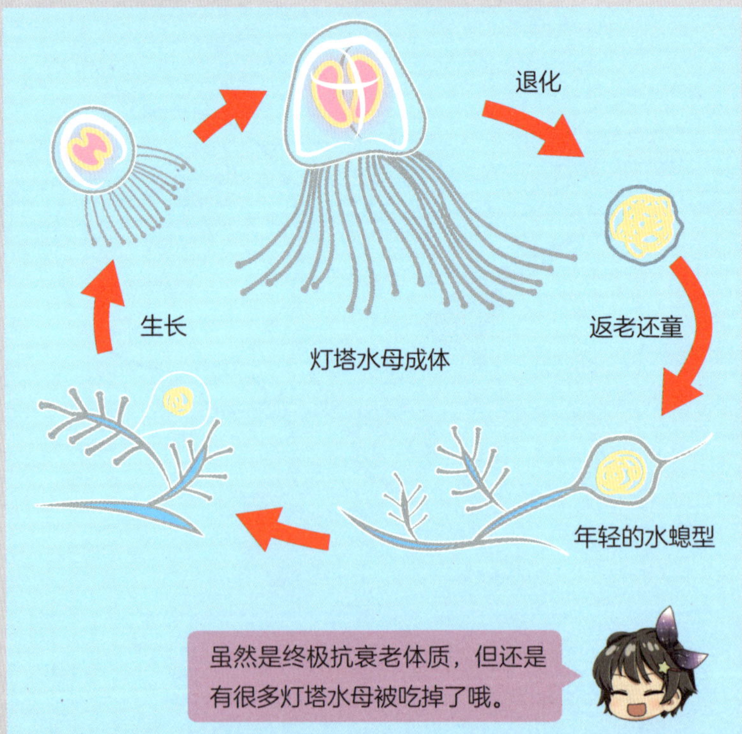

人类与长生不老

大家可能会认为，人与水母是完全不同的生物。然而，灯塔水母的基因结构与人类并不是完全不同。因此，灯塔水母这种返老还童的原理，有可能应用到人身上。

现在科学家还没弄清楚灯塔水母为什么会返老还童，如果了解了其中的原理，人类就有可能实现长生不老。

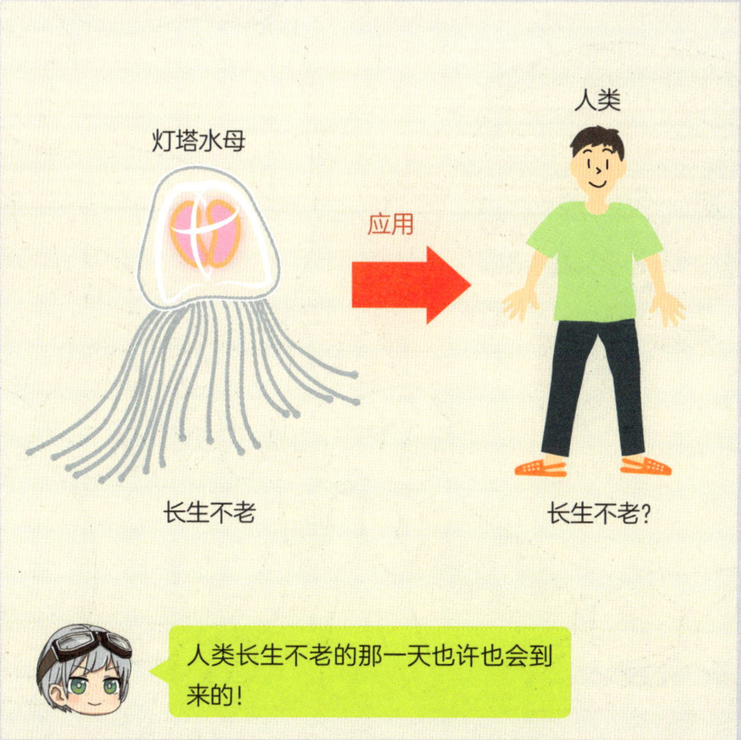

第 2 章

被放大灯照了会怎样?

老鼠小，大象大。可是反过来会怎么样呢? 不一定是什么好事……

为什么体温能保持恒定?

动物会利用食物与空气中的氧气制造包括热量在内的能量。以人类为代表的哺乳动物之所以身体是温暖的，就是因为它们产生的这些热量。

此外，哺乳动物为保持体温恒定，会一点一点地将这些热量逐渐从身体表面散发出去。

也就是说，体内产生的热量与从体表散发出去的热量在温度上达到了平衡。

单位时间内体内产生的热量与身体体积成正比，散发到体外的热量与身体表面积成正比。

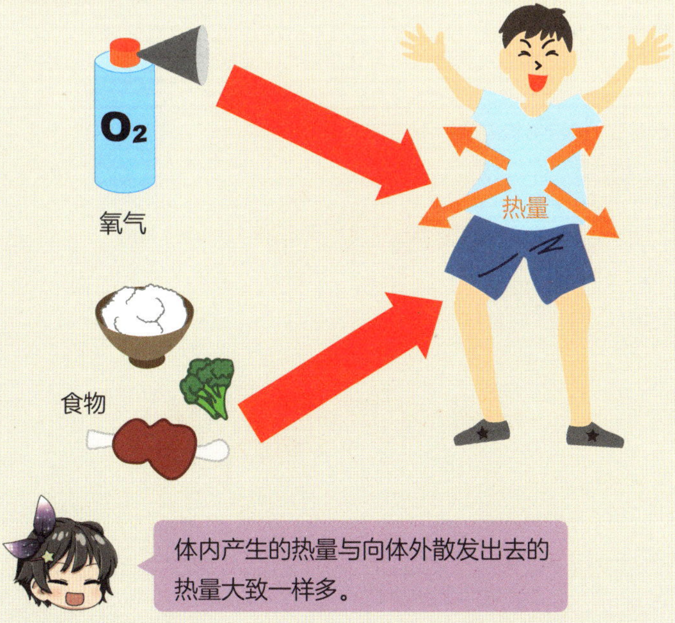

身体变大会发生什么变化?

如果拿《哆啦A梦》中的缩小灯、放大灯照动物，会发生什么呢?

如果将立方体的边长放大到3倍，它的表面积就变成3×3等于9倍，体积变成3×3×3等于27倍。

也就是说，边长放大到3倍，表面积就会放大到9倍，而体积则会放大到27倍。

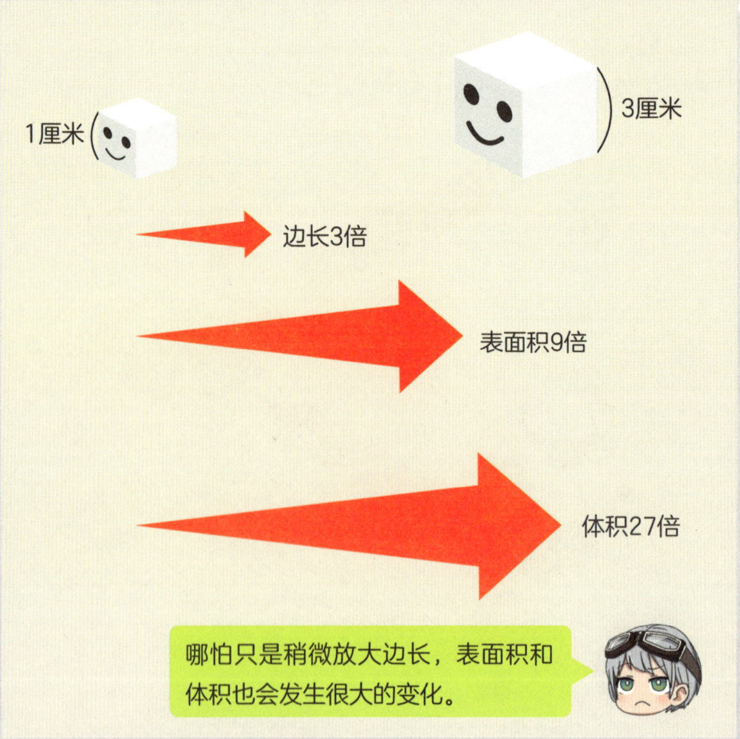

把老鼠放大会怎样？

将老鼠的体长放大到50倍，表面积就变成50 × 50即2500倍，体积就变成50 × 50 × 50即125000倍。

老鼠身体产生的热量会和体积一样增加到125000倍，但散热的体表面积只能增大到2500倍。

这样一来，变大的老鼠就不能顺利地把体内的热量散发到体外，最终会因高热而死。

把大象缩小会怎样？

将大象的体长缩小到原先的1/50，表面积会变成原来的1/2500，体积会变成原来的1/125000。

这样一来，身体体积太小、表面积太大，大象体内的热量就会很快散发，用不了多久就会冻死。

不论是大象，还是老鼠，如果改变身体的大小，就无法保持刚刚好的体温。

人变高后，站都站不住

人的身高如果放大到原先的10倍，体积与体重都会增加到原先的1000倍。可是，支撑体积与体重的脚面积、肌肉横截面积都只会增大到100倍，这样双脚便无法支撑我们自身的体重。

由此可见，生物的大小都是正好适合这种生物生存的，改变原先的大小就会活不下去。

第 2 章

无论在哪儿开传送门都会死？

受的伤会复原。可是，痊愈后的身体真的还是受伤前那个完全一样的身体吗？

忒修斯之船还是真品吗？

某个村庄珍藏着英雄忒修斯乘坐过的船。

可是，随着时间推移，木制的船会受损，受损的部件要定期更换成新的，经过很长一段时间后，所有部件全都换新了。

这时一位哲学家不禁提出疑问：“这艘船原先的部件一个都没有了，还能把它叫做忒修斯之船吗？”

真品到底是什么？

如果用老化拆除的老部件重新按照原来的样子组装一艘船，那这艘船是真正的忒修斯之船吗？

如果把使用老部件的船当作忒修斯之船，确实无话可说。可是，这艘船破破烂烂的，和原先完整的船也完全不一样。而换上新部件的船是大家一直维修和保存下来的，似乎它才是真品。

细胞都替换后还是同一个人吗?

与忒修斯之船相似的问题也适用于人。人的身体一直在产生新细胞，替换老细胞。替换了绝大多数细胞，还能说是同一个人吗?

很多人会认为，意识上还是同一个人，因此即使替换了全部细胞，当然还是同一个人。不过意识相同又是怎么一回事呢?

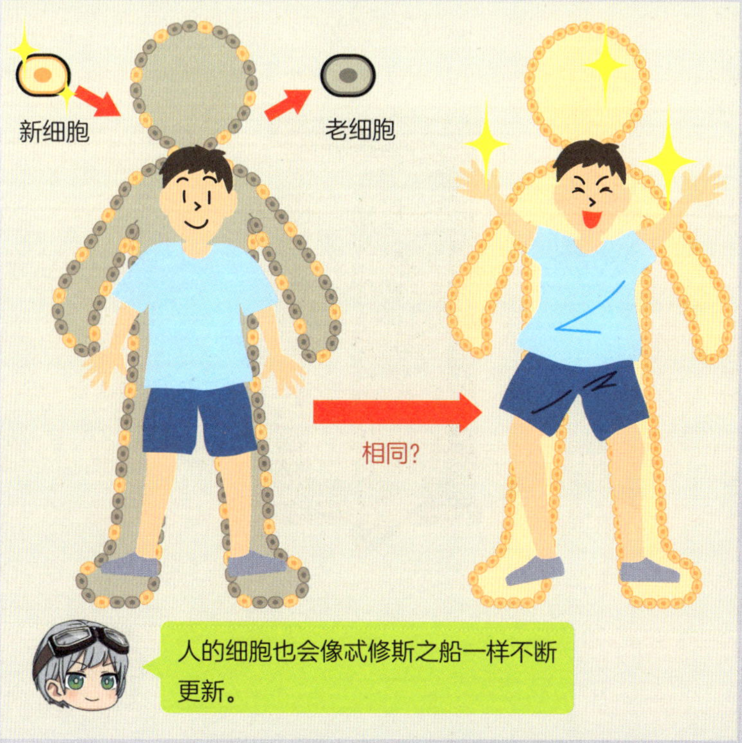

传送门传过来的自己还是真正的自己吗？

假设在遥远的未来，人们开发了一种随处可用的传送门装置，无论多远都能把人一瞬间传送过去。这种装置会先把人分解到原子级，到达传送目的地后再重新组装起来，外貌与记忆在目的地得到完整再现。那么，还能说这样传送过来的人和传送前是同一个人吗？

只要外貌和思想完全一样，就是同一个人？还是说变成了另一个人呢？

传送过来的自己是冒牌货?

如果说使用这种传送装置的人已被分解、死亡，从目的地出来的是不同的人，那么又会有新的问题。

如果犯下重罪的通缉犯使用这种传送装置移动，因为他变成了不同的人，所以就不能再逮捕他了。

可见，如何定义“同一个人”，还真是个大难题呢!

第 2 章

人类灭亡后，地球会发生什么？

没人居住的无人市、无人村中，草木长得特别茂盛。如果全世界都这样，会发生什么呢？

城市洪水

如果全人类突然从地球上消失，会立刻发生洪水灾害。

城市里的地铁建在地面以下的地方，下雨后会有大量雨水涌进地铁。平时人们会用水泵排水，可是如果没有人类就没有电，水泵也会停止工作，地铁里就会灌满水。溢出的水会填满排水沟、下水道，从而引发大洪水。

建筑会倒塌

人类建造的建筑几年后会开始倒塌。钢筋混凝土建筑中的钢筋会因为氧气而逐渐生锈。

此外，天气变冷，附着在建筑上的水会反复结冰、融化，导致混凝土、沥青上形成裂缝。杂草或水会乘机进入这些裂缝，从内部破坏建筑。很多住宅、大楼都会在一百年左右倒塌。

长期保存的地下城

据说，人类建造的建筑中，保存最久的是地下城。

最有名的是土耳其卡帕多西亚的地下城。大的建筑在地下18层以下，深度超过85米，古时候曾有3万多人在这里生活。

这样的地下城几乎不会受到地上灾害的影响，因此能长期保存。

活不下去的生物

人类灭绝后也会有其他生物随之灭绝。

比如，依赖人类吃剩的食物为食的老鼠、蟑螂数量都会剧减。如果没有人类，寄生在人头部的头虱、藏身于衣服上的衣虱也会灭绝。

另外，家畜经过品种改良以造福人类，不少品种在自然界会无法生存。

大型动物复活

几万年前，地球上曾存在几十种比现在的动物还要巨大的大型动物，但大多因为人类的捕猎而灭绝。

因此，人类灭绝后的世界中，可能会再次出现我们的时代看不到的超大型动物。

第 2 章

霸占宿主身体的寄生生物

寄生生物会潜入其他动物的体内，并支配这种动物。它们为什么要这样做呢？

铁线虫

铁线虫是一种寄生在螳螂体内的细长形寄生虫。

铁线虫只能在水中交配，但不会游泳的螳螂原本不会靠近河流等水域。于是，铁线虫就操控它寄生的螳螂自己跳入水中。然后，它再从被淹死的螳螂尾部钻出来，开始在水中寻找交配对象。

双盘吸虫

双盘吸虫是一种寄生虫，幼虫寄生在蜗牛体内，成虫寄生在鸟体内。

寄生在鸟体内的成虫产下的卵会先随着鸟的粪便一起排出，然后被蜗牛连同鸟粪一起吃下。然后，幼虫在蜗牛体内孵化，从而寄生于蜗牛上。

然后，蜗牛被鸟啄食后，双盘吸虫再次寄生在鸟体内，变成成虫再产卵，如此循环。

故意让宿主被鸟吃掉

双盘吸虫的幼虫可不只是寄生在蜗牛体内。

被它寄生的蜗牛会变得喜欢明亮的地方，触角也会变成醒目的颜色。这样，有醒目触角的蜗牛出现在明亮的地方，鸟就特别容易发现它，误以为是毛毛虫而把它吃下去。

双盘吸虫就这样操控蜗牛，故意让蜗牛被鸟吃掉。

瓢虫茧蜂

有一种蜂叫做瓢虫茧蜂，产卵的时候会麻醉瓢虫，把卵产在瓢虫的侧腹部。

然后，出生后的幼虫会进入瓢虫体内，逐渐吃掉它的身体。

接着，瓢虫茧蜂的幼虫长到瓢虫的一半大时，会离开瓢虫变成蛹，然后再变成成虫。

变宿主为保镖

瓢虫茧蜂离开瓢虫体内变成蛹后，被吃掉一大半的瓢虫还有超过30%的部分还活着。

这时，瓢虫会被与麻醉剂一起注入体内的病毒操控，一直保护蛹长达一周，直到蛹成为成虫。

瓢虫茧蜂吃光了瓢虫的身体，最后还把它变成了保镖。

第 2 章

生物为什么难逃终有一死的命运？

在前面简单地介绍了一些死不了的生物，但绝大多数生物都有寿命。为什么会这样呢？

老化的原因是代谢

生物摄入氧气与食物等来产生维持生存的能量，这就叫做代谢。

为什么生物会老化、寿终呢？这件事到现在都没有彻底弄清楚，但我们已经知道是代谢导致老化的。

也就是说，代谢越多，老化速度就越快；代谢少，老化速度就会变慢。

大型动物更长寿

代谢还和身体的大小有关。小型动物身体更容易变冷，需要让身体充分保暖，因此要进行大量代谢。反过来说，大型动物因为不容易变冷，代谢也不太活跃。

因为生物的老化会因代谢快而变快，身体越小的动物寿命越短，身体大的动物寿命相对更长。就像小老鼠的寿命很短，而大象的寿命就比较长。

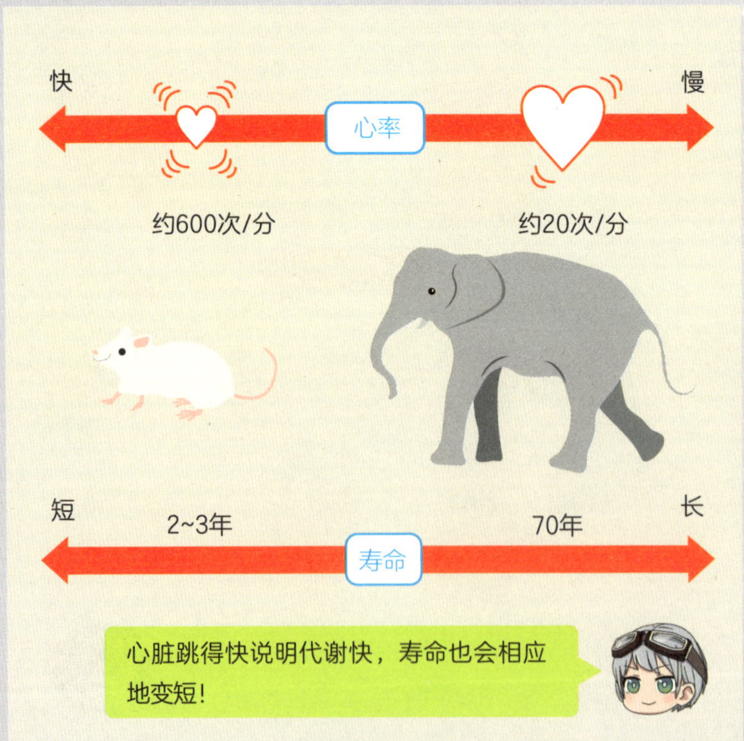

生物原本没有寿命

实际上，自地球上的生物诞生后的约20亿年间，没有生物因为寿命到了而亡。即使到了现在，也有一些生物没有寿命限制，能永生不死。

比如，大肠杆菌等细菌只要有营养就能无限生存，而且数量还会通过分裂繁殖不断增加。

像这样，一个生物通过分裂来增殖就叫做无性繁殖。

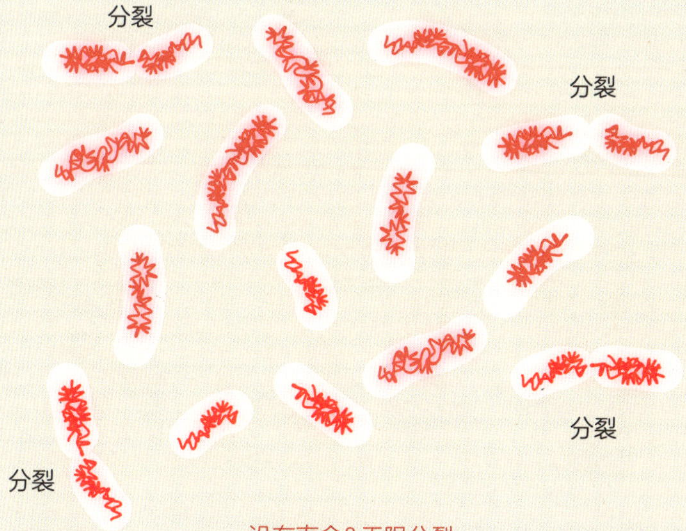

没有寿命&无限分裂

大肠杆菌这样的原始生物，可以通过无性繁殖，即一个细菌不断分裂而增殖。

进化形成的有性生殖

无性繁殖是一个生物通过分裂而实现数量增加的，因此它的一大弱点就是只会繁衍出特征完全相同的子孙，它们可能会因环境的变化而灭绝。

于是，生物随着进化，形成了由受精卵发育成为新的个体的生殖方式。这种方式就是有性生殖，人和其他很多动物都是通过这种方式繁衍后代的。

因为有死亡才得以延续生命

有性生殖也有一个问题。生物活得太久，基因就会积累很多缺陷，这些缺陷也会让后代继承下来。

由此形成的机制就是“寿命”。只要生物不活得太久，基因就不会积累太多缺陷，缺陷被后代继承的概率也大大下降。生物为了留下子孙、让子孙后代继续繁衍下去，才会寿终而死。

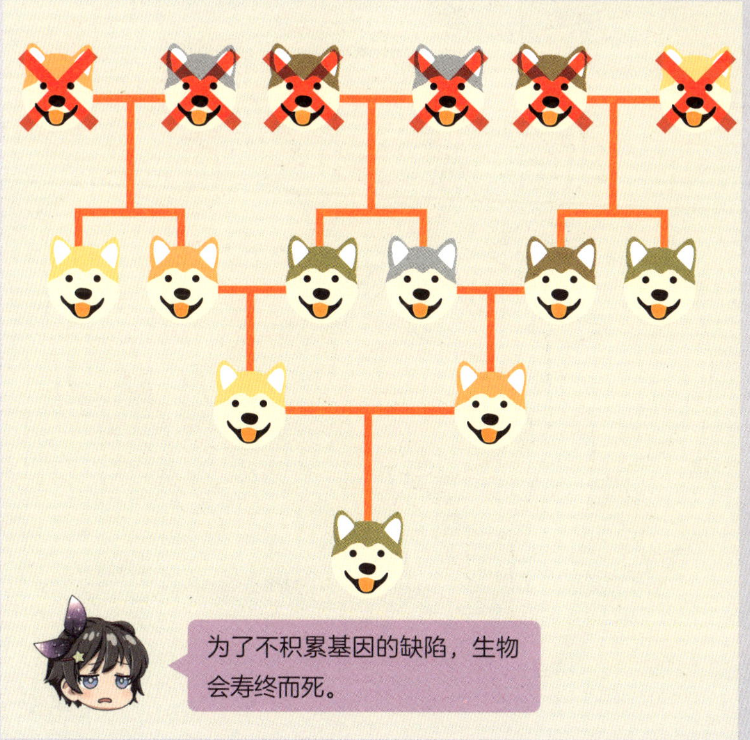

第 2 章

人能变成山羊吗?

“还是动物好，自由自在！那我要变成动物！”很多人有这样的想法。实际上，还真有人这么干过呢。

梦想变成山羊的男人

出生在英国伦敦的设计师托马斯·斯维茨很想像动物那样过无忧无虑的生活。于是，他打算在一小段时间内扮成山羊，和山羊过一样的生活。

因此他设定了一个“变成山羊用四肢走路越过阿尔卑斯山”的目标，为此咨询了很多专家，开始研究怎样做才能成为一只山羊。

学习山羊的心理

首先，为了成为一只山羊，就需要改变自己作为人的习惯。也就是说，即使看到人类用的工具、文字，也不要思考它们是什么。

此外，山羊群中存在着阶级。因此，他为了和山羊一起生活，必须了解自己在羊群中的位置，采取符合自己阶级的行动。

模拟山羊的身体

山羊的消化器官和人类的不一样，人不能像山羊那样靠吃草为生。因此，托马斯想出来一个办法：白天做吃草状，把草保存在容器里，到了夜晚再用压力锅和酸把草分解后吃掉。

另外，他还专门制作了能像山羊一样用四肢走路的特殊装备，使他活动时的姿势也能与山羊保持一致。

终于被山羊接纳

身心彻底变成山羊的托马斯，终于要挑战和羊群一起生活了。结果，他成功地被山羊们当作羊群的一员，甚至还有只山羊一整天都往他身边凑。

这以后，托马斯还成功用四肢走路翻越了阿尔卑斯山脉，托马斯还因此获得了2016年搞笑诺贝尔生物学奖，这个奖项旨在表彰有趣的科研成果。

第3章

可怕的物质

第3章

人体自燃之谜

日本有句谚语“无火不生烟”，但这不适用于一种可怕的现象！那就是“人体自燃现象”。

人突然燃烧起来

目前为止，人的身体突然着火的“人体自燃现象”已在世界上发生过多次。

这种不可思议的现象发生时，人的身体会无缘无故地突然燃烧并被烧成炭，但是房间中其他东西并没有着火。

人体自燃现象迄今为止在世界上已经有200多起案例，其中的原因至今尚未弄清楚。

像蜡烛一样燃烧？

对人体自燃最有力的解释是“人体蜡烛化现象”。

蜡烛着火是因为受热融化，被烛芯吸收的蜡持续燃烧，类似的现象也可能发生在人身上。这种观点认为，人身上的衣服因某种原因着火，吸收人体中的脂肪而持续燃烧，当房间中的氧气耗尽，火自然会熄灭。

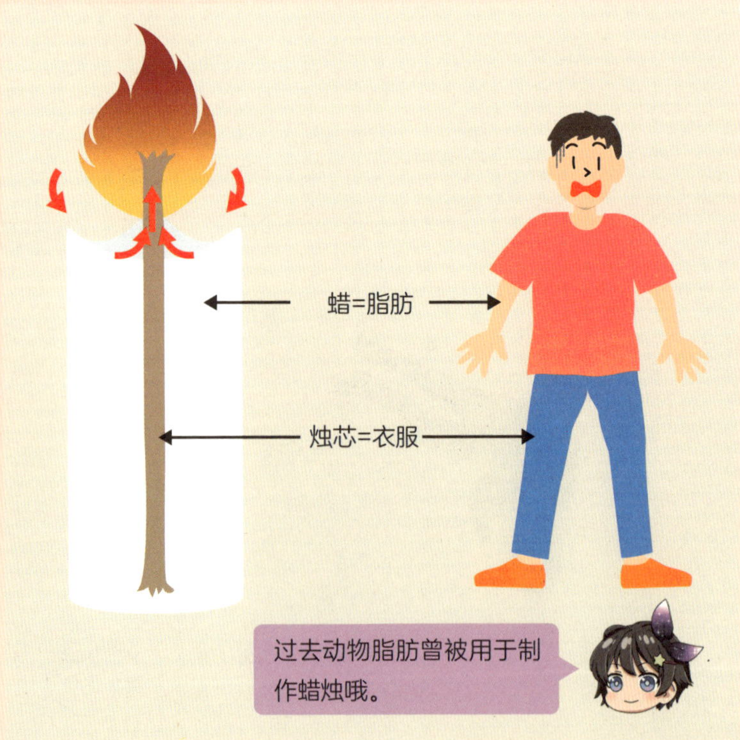

是体内的磷燃烧？

由磷构成的物质“黄磷”燃点比较低，只有44℃，即使不点燃也会在空气中燃烧起来。因此它需要在水中保存。

人的身体也含磷，所以有人认为，人体中的磷可能会导致人体自燃。

可是，人体内的黄磷含量并不足以引起自燃。因此，不能断定磷是人体自燃的原因。

还有其他不同观点

关于人体自燃现象，还有其他不同的说法。

有人说是因为雷电、极光那样的“等离子体”被引入房间后导致人体起火。还有一种说法是，在一般的火灾中，只有人体燃烧的情况也是有的。

此外，物体燃烧的原因还有很多，因此，关于人体自燃现象的原因也有很多不同的解释。

也有毫不动摇的反对意见

也有很多人坚定地认为“人体自燃现象是不可能的”。由于受害者多为偏胖的老人或残障人士，也可以由此推测，他们因某种原因导致身上着火，但是无法迅速灭火，也无法逃走。

确实，我们没有听说过有人走在路上突然身体着火的。人体自燃现象的真相仍有待解开。

第 3 章

破坏一切的冲击波到底是什么?

炸弹爆炸形成的冲击波威力真强大！不过，我们身边也有冲击波……

声音是什么?

如果在空气中速度比声音还要快，就会产生冲击波。那么冲击波到底是什么？为什么会形成冲击波呢?

实际上，冲击波形成的原理与声音形成的原理相似。声音是通过空气振动传播的，空气密度大的空间与密度小的空间之间，压力差会像波浪一样传递，冲击波的原理也是如此。

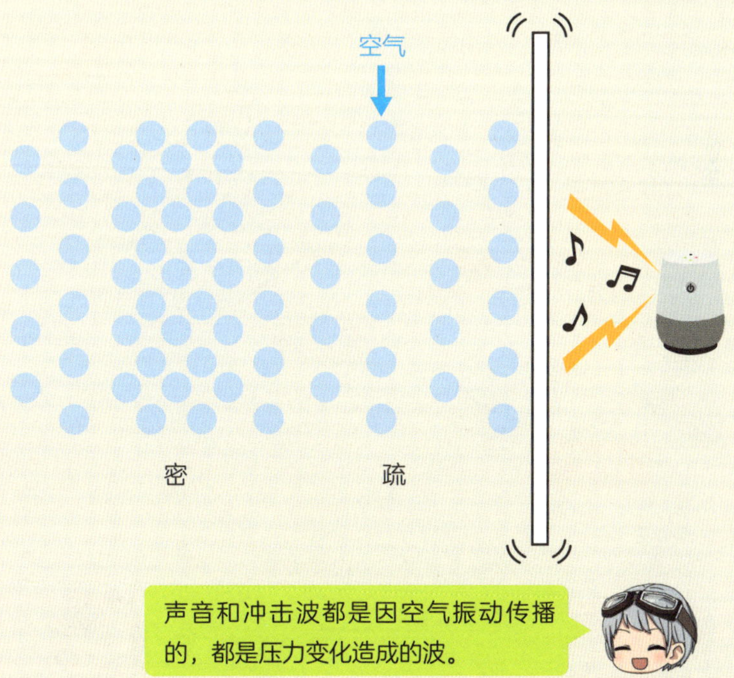

提高速度会发生什么？

声音与冲击波都是压力变化所形成的“压力波”。

静止不动的喷气式飞机的发动机等发出的声音会360°向四周扩散。可是，喷气式飞机起飞、加速后，喷气机后部发出的声波会迅速向后扩散。同时，喷气机前部发出的声波却会被喷气机追上并压缩。

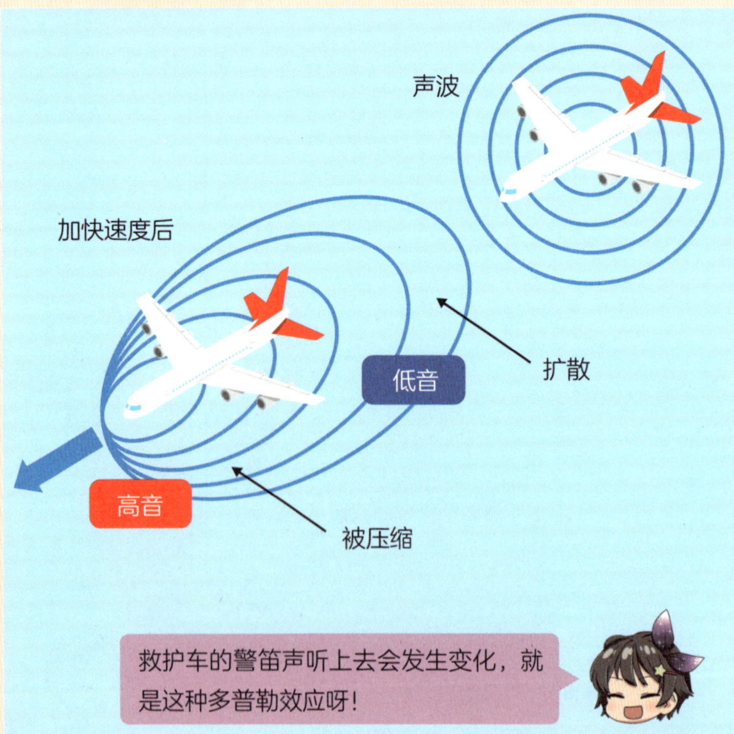

超过音速会怎样？

喷气机迅速加速，速度与声音相同时，声波就无法再飞到喷气机前面去，而是会和喷气机一起向前进。

因此，喷气机正面的空气压力会升高，而它后面的压力会降低，在巨大的压力差之下，形成巨大的压力波，这就是冲击波的真面目。

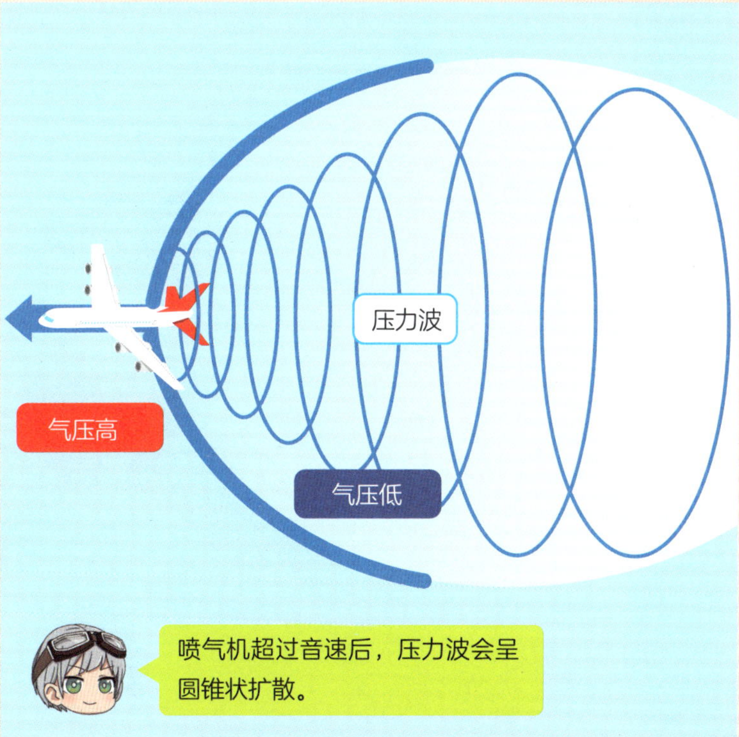

冲击波会形成气浪

喷气机的飞行速度超过音速时，喷气机正面的气压升高，空气被超过音速的速度压缩，这时会形成很强的风，叫做气浪。

炸弹、燃气爆炸能把房子、玻璃炸毁，正是因为形成了冲击波。核爆炸会形成威力惊人的冲击波。

身边的冲击波

冲击波是一种非常大的压力波，但它会立即减弱，形成很大的声音，叫做音爆。以烟花为例，烟花爆炸就会形成冲击波。它的冲击波变弱形成音爆，就是我们听到的烟花声。此外，雷声也是音爆的一种。

由此可见，我们身边冲击波的形式还真是不少呢。

第 3 章

真正可怕的氟气

危险却方便？一起来探索虽然毒性强，但生活中却很有用处的“氟”的奥秘吧！

极其可怕的氟气

氟元素的单质是氟气（F_2），它是一种连玻璃、铂金都能腐蚀的可怕气体分子，对人体当然也有剧毒。氟与其他元素结合的能力很强，它的特点就是容易与各种元素发生化学反应。

因此，氟进入人体后，会与身体中的元素结合引起化学反应，危害身体健康。

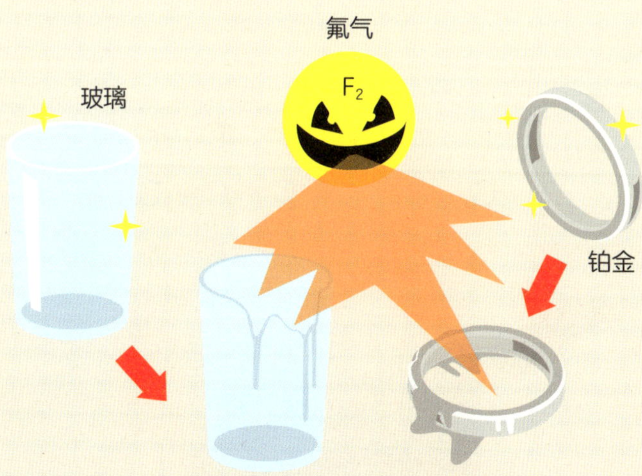

那么坚硬的玻璃和铂金都能腐蚀，一旦进入人体就非常危险了……

如果变成氟化物……

如果氟与其他元素结合形成氟化物，那它就很难再与其他物质发生化学反应了，即使加热也不会被分解。

氟与碳结合形成的聚四氟乙烯是氟化物的一种，即使加热也难以分解，不会与药品等发生反应，还不沾水，因此很适合用作不粘锅的涂层。

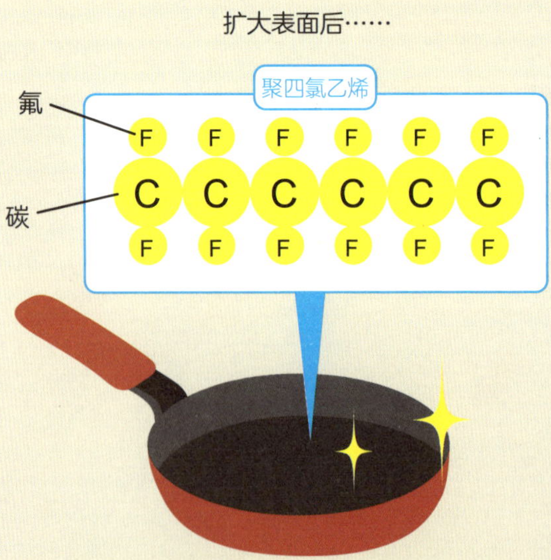

聚四氟乙烯非常耐火，但干烧、温度过高仍会分解，还是要注意哦！

生活中大有用处的氟

牙膏中的氟其实并不是氟元素本身，而是氟化物——氟化钠。

这种化合物含有的氟化物离子与牙齿的牙釉质发生反应，会在牙齿表面形成一种坚硬的物质——氟磷灰石，因此能预防蛀牙。

因此，氟元素本身虽然危险，但如果善用其性质，就能在生活中派上大用场。

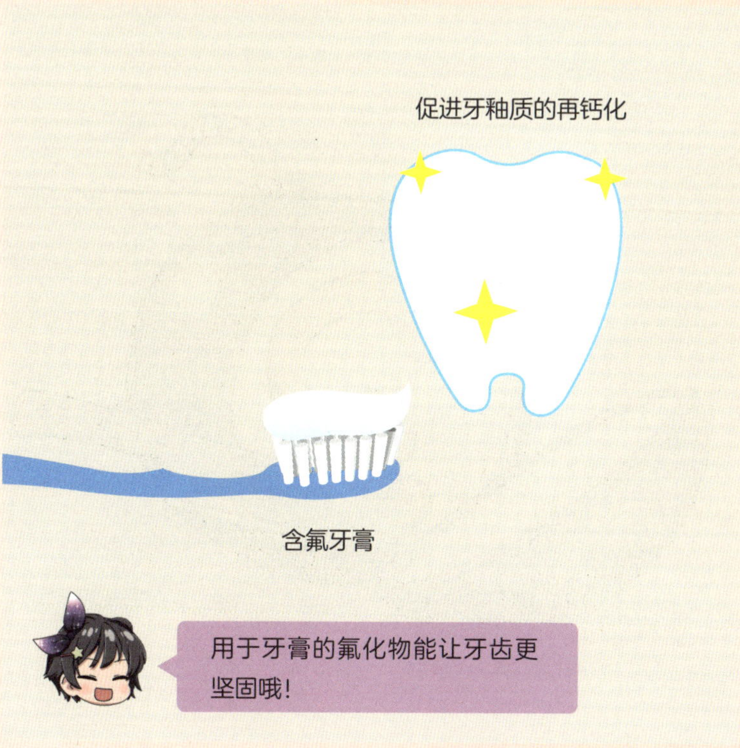

第 3 章

为什么炸药会在一瞬间爆炸?

火药、炸药会爆炸，但煤炭、蜡烛即便点燃也不会爆炸。区别到底在哪里呢?

瞬间烧光

即使点燃木头、煤炭也只是持续燃烧，但为什么炸药会爆炸呢？

点燃煤炭后，煤炭会释放热与气体，缓慢地燃烧。可是，点燃炸药后会在一瞬间全部烧光。因此，煤炭烧几个小时释放出来的能量，炸药在一瞬间就全部释放出来了。

这种瞬间烧光的现象就叫做爆炸。

煤炭　　炸药

缓慢燃烧　　瞬间全烧光

为什么会一瞬间烧光?

那么，为什么炸药会在一瞬间烧光呢?

一般来说，物体在燃烧时需要空气中的氧气。因此，点燃后也是先从接触空气的物体表面开始逐渐燃烧的。

可是，炸药的结构使其爆炸时不需要氧气。因此，点燃炸药时，不仅表面，其内部也会同时全部燃烧。

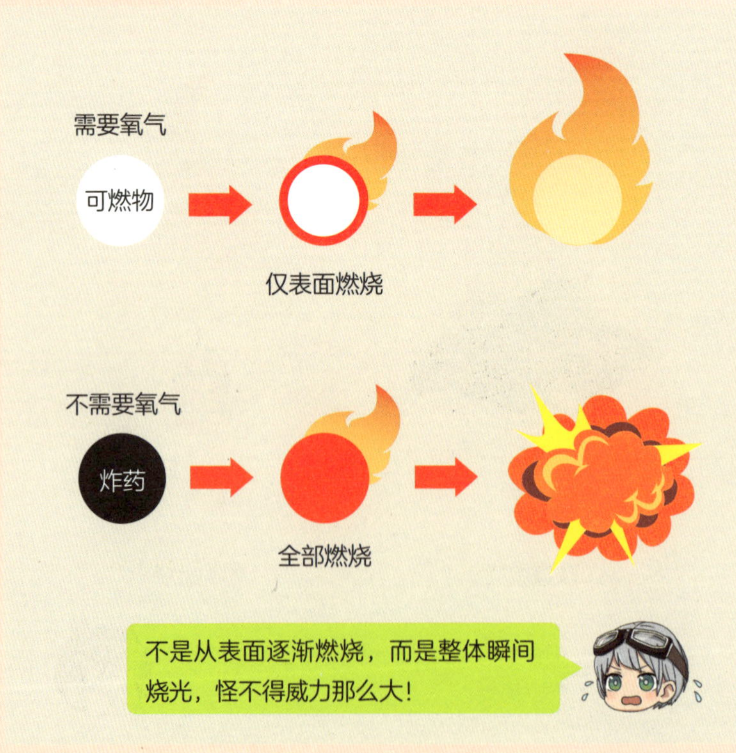

火药与炸药也不一样

火药被用于驱动、发射物体，如将子弹从枪里打出去、发射火箭等。炸药则被用于破坏，比如，用于制成炸弹。因此，炸药的爆炸力比火药更强大。

炸药的内部反应比火药快，能在更短的时间内释放能量，因此即使能量相同，炸药也比火药的爆炸威力更大。

火药在音速以下反应，而炸药以2~8千米/秒的速度传递其反应。

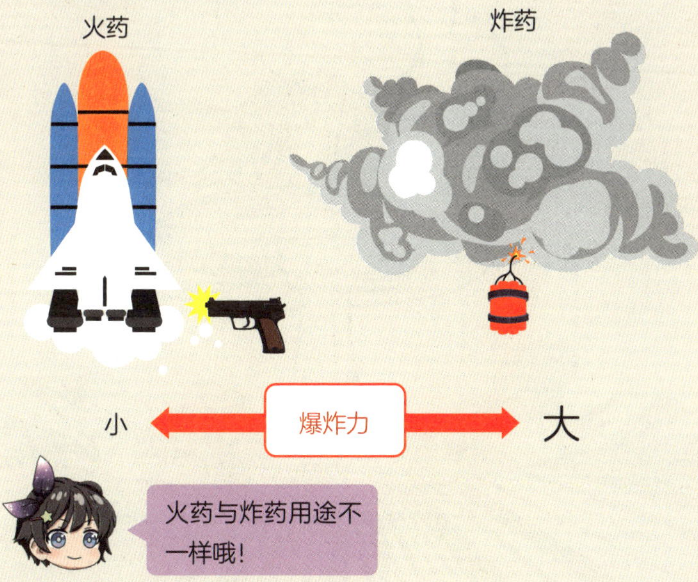

第 3 章

核武器为什么可怕？

日本广岛、长崎原子弹事件已经过去70多年了，如今世界仍面临着核武器的威胁。核武器到底是什么呢？

可怕的核武器

核武器是一种通过核反应现象诱发惊人爆炸威力的武器。

核武器有原子弹和氢弹两种，它们的威力甚至足以炸毁一整个大城市。由于危险性太高，在实际战争中还没有用在除日本广岛和长崎以外的地方。

核武器的爆炸与第112页介绍的炸药完全不一样。

什么是核反应?

无论是哪种物质，都是由非常小的原子集合而成的。原子与其他原子结合或分离，就会引发化学反应。

可是，核武器的爆炸与普通的化学反应不同，是一种被称为核反应的现象。核反应是原子中心的原子核与其他原子核发生融合（聚变）、分裂（裂变）。这种特殊反应会引起巨大的爆炸。

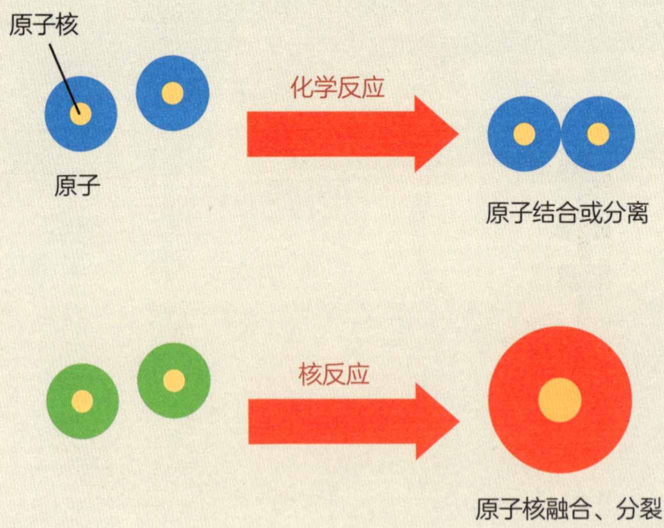

核反应释放的能量是化学反应的约100万倍。

产生巨大能量的核武器

核反应中，原子中心的原子核会分裂为2个（即核裂变），或2个融合为一体（即核聚变）。利用核裂变的炸弹是原子弹，利用核聚变的炸弹是氢弹。

原子弹使用的材料是铀、钚。它们的原子核在裂变时产生的中子会引发周围的原子连续发生核裂变，在一瞬间形成威力惊人的爆炸。

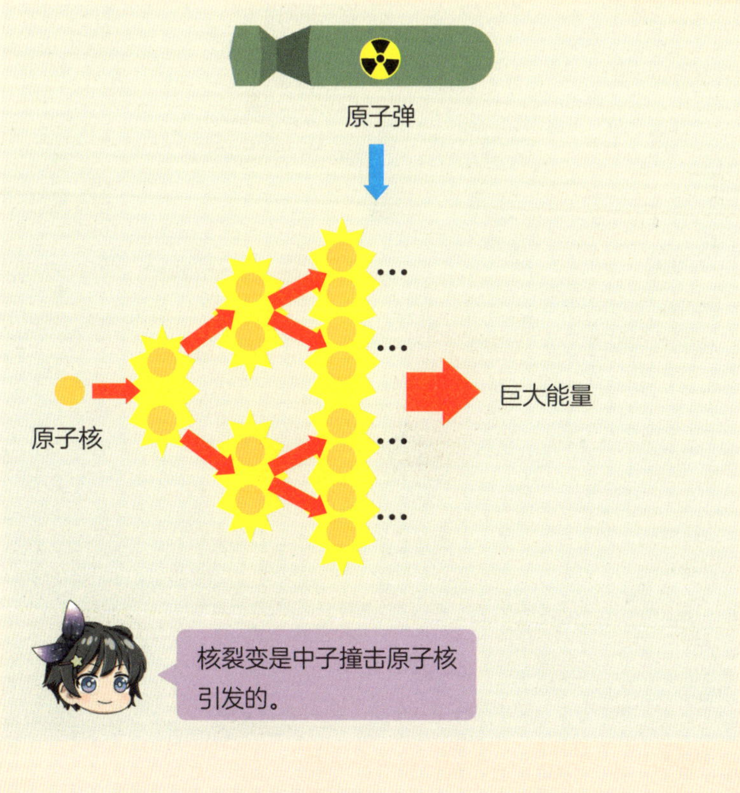

氢弹是“小太阳”

利用氢原子核聚变的是氢弹，它的原理与太阳的持续燃烧是一样的。也就是说，氢弹拥有惊人的威力，像小太阳一样。

原子能发电就是利用用于原子弹的核裂变、控制裂变反应的速度来发电的。至于利用用于氢弹的核聚变来发电的方法，目前还无法预测什么时候可以实现。

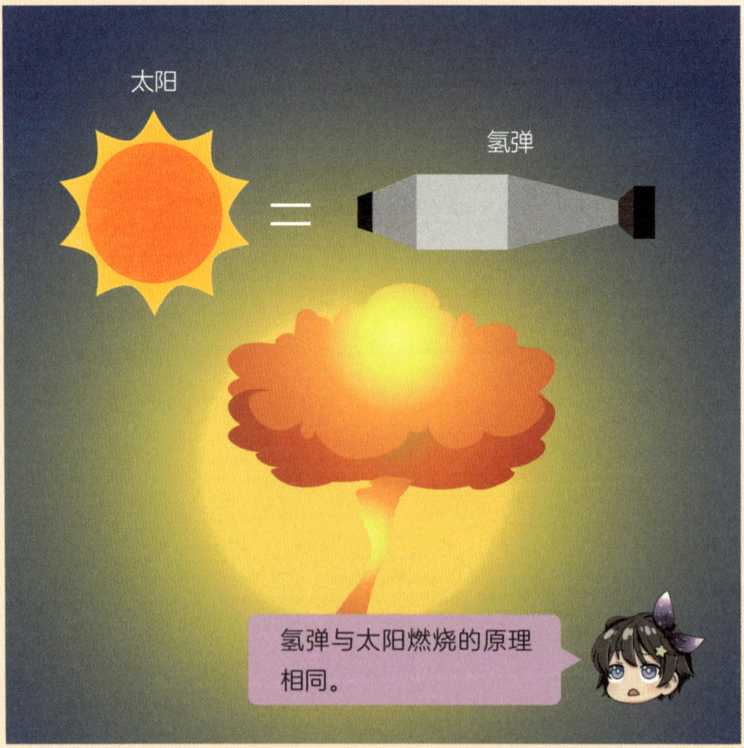

核武器造成的后果过于悲惨

核武器的爆炸原理和威力与普通的炸弹完全不一样。它的爆炸威力甚至能摧毁广岛、长崎这样的大城市。

不仅如此，核爆炸还会散布对人类和其他生物都非常有害的核辐射与放射性物质。即便是利用核反应原子能的发电装置也仍然存在处理有害放射性物质的问题。

第 3 章

曾经的危险气体“氧”

氧气是人类生存的必需品。那么氧气是不是越多越好呢？实际也并非如此……

空气中的氧气比氮气少

人类为了维持生存，氧气是绝对的必需品。我们吸入空气中的氧气，呼出二氧化碳。

我们周围的空气中，除了氧气和二氧化碳还有各种气体。实际上，空气中最多的是氮气（78%），氧气只有21%，氧气比氮气少很多。

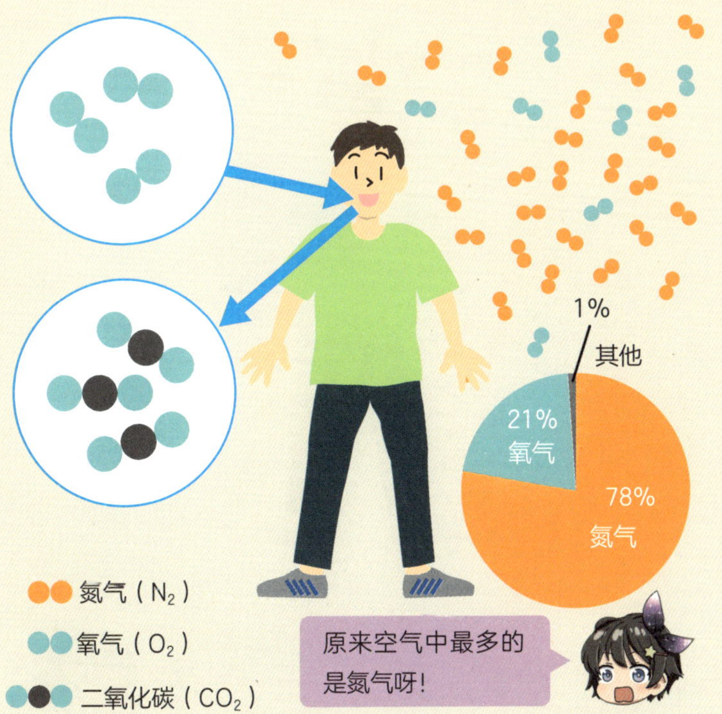

氧气太多会怎样?

如果氧气量减少，人会面临生命安全的威胁，可如果氧气量增多，又会怎么样呢?如果氮气与氧气的比例颠倒过来，岂不是呼吸起来更轻松，能做更多活动了吗?

实际并非如此，氧气太多对人的身体也有危害，会让人发生恶心、眩晕、痉挛抽搐等。这种症状叫做“氧中毒”。

氧气多了更容易着火

1967年，美国阿波罗1号飞船在地上试验中起火，造成3名宇航员全部死亡。经分析发现，由于阿波罗1号飞船中氧气的浓度很高，电线的火花在引燃下助长了火势。

可见，有时氧气多了也会很危险。氧气虽然是人类生存的必需品，但使用时还是要小心。

阿波罗1号

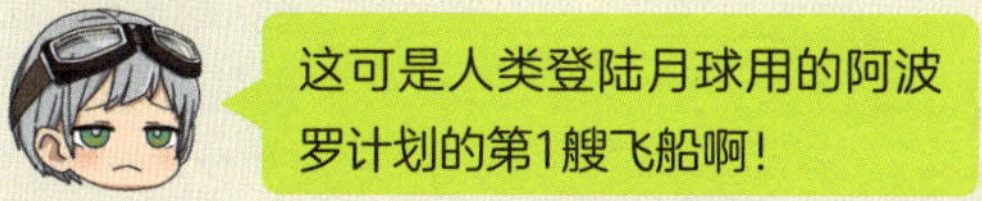

氧气原先是剧毒

对远古地球上的生物来说，氧气反而是剧毒。

35亿年前，地球大气中原本不存在氧气，生物呼吸也不用氧气。

可是，后来出现了通过光合作用产生氧气的生物——蓝藻，“剧毒”的氧气在地表蔓延，很多生物因此死去。

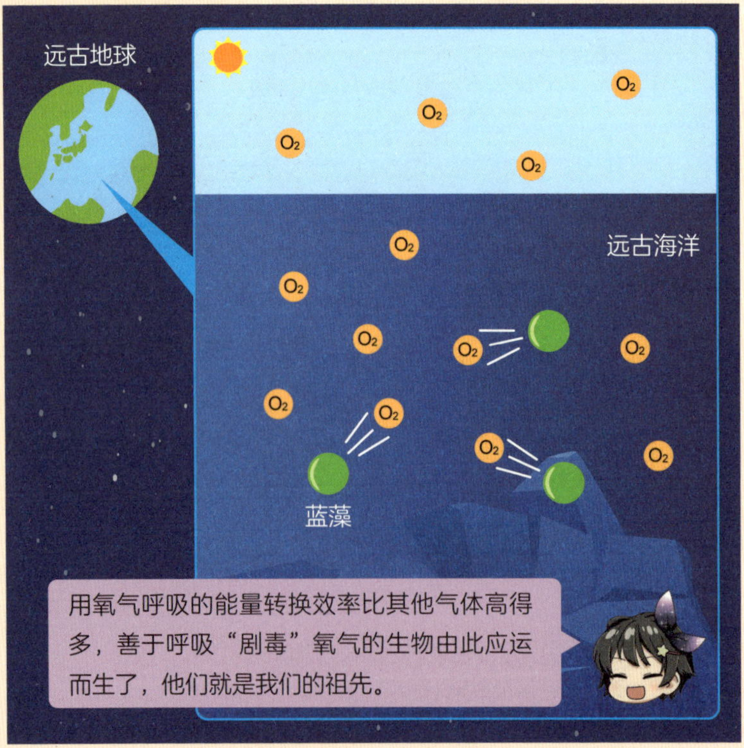

第4章 世界上的可怕现象

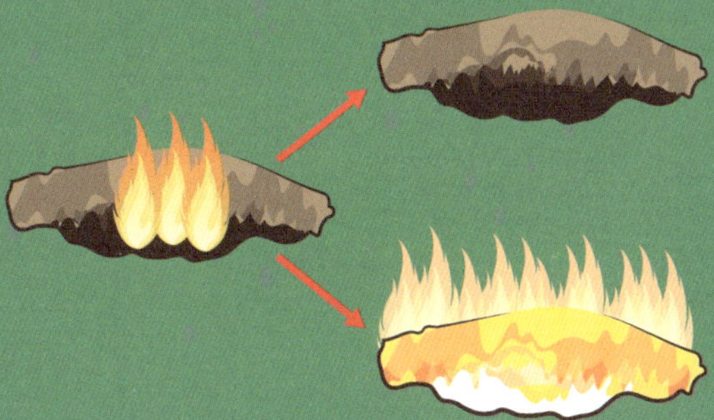

第 4 章

地球上最深的洞坑有多深？

不断挖掘地面，就能挖到地球的另一边去吗？事情可没有那么简单。

为了宝石挖坑

世界上有很多深坑。人类挖深坑的目的几乎都是为了开采煤炭等资源、黄金等贵金属、钻石等宝石。

其中比较有名的有俄罗斯米尔内钻石矿场，人们为了开采钻石挖出了525米的深坑。

更深的洞坑还有美国宾厄姆峡谷金铜矿场，足足有1200米深。

自然形成的洞坑更深

自然形成的洞坑中还有比这更深的。格鲁吉亚的库鲁伯亚拉洞穴最深的地方有2197米，越深的地方岔路越多，走到最深处要花27天。

不过，最近人们探知，同样位于格鲁吉亚的维洛夫金娜洞穴比库鲁伯亚拉洞穴还要深。具体深度目前还在勘测之中，尚不清楚。

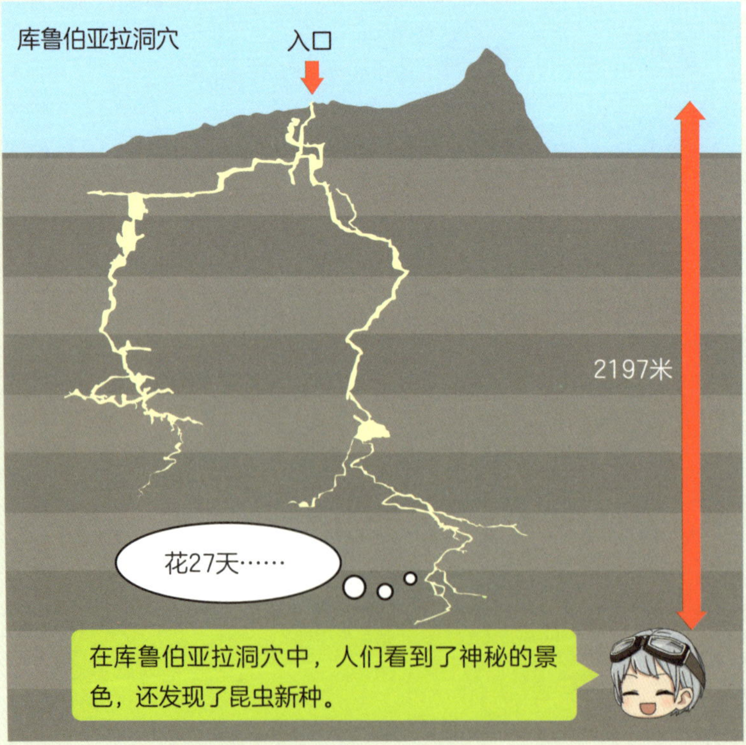

洞坑到底能挖多深？

世界上最深的坑位于俄罗斯的科拉半岛，是人们为了进行地质研究挖的坑。这个坑的深度足有12000多米。

地球中心的温度高达5000℃，从地面挖的坑越深，温度就越高。科拉超深钻孔计划要想挖得更深，需要克服洞内180℃的温度，因此目前人们已经挖不动了。

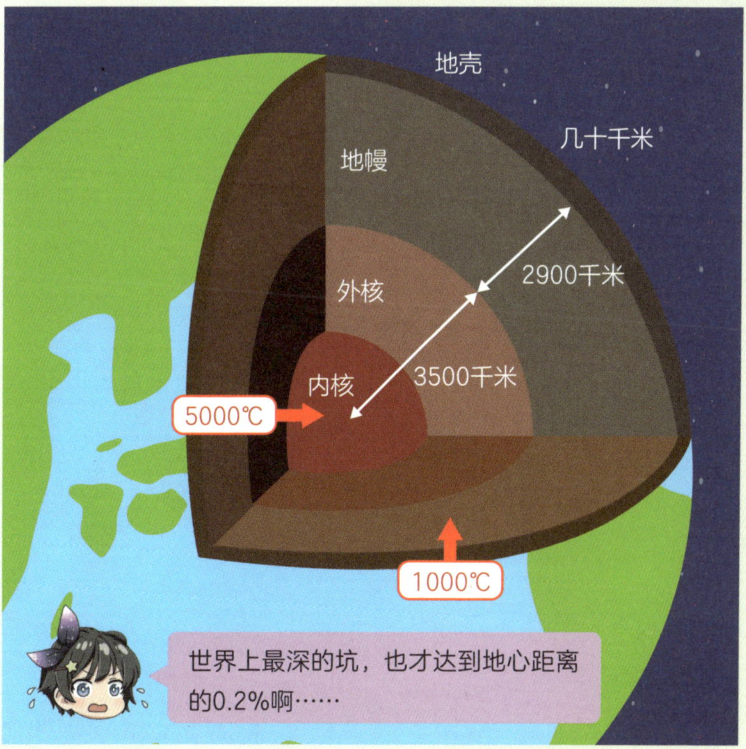

第 4 章

燃烧了 50 多年的巨坑到底是怎么回事?

有时不小心会引发大事故。发生在土库曼斯坦的这件事可真不得了……

一直烧了50多年

土库曼斯坦的卡拉库姆沙漠中有个非常大的坑。这个坑从50多年以前起就一直在燃烧，被称为“地狱之门”。

为什么这里一直在燃烧呢？这要从50多年前人们的一个失误说起。“地狱之门”原本是为了探测油田挖的坑。可是，在沙漠中的这个地方挖掘，本身就是失误的开始。

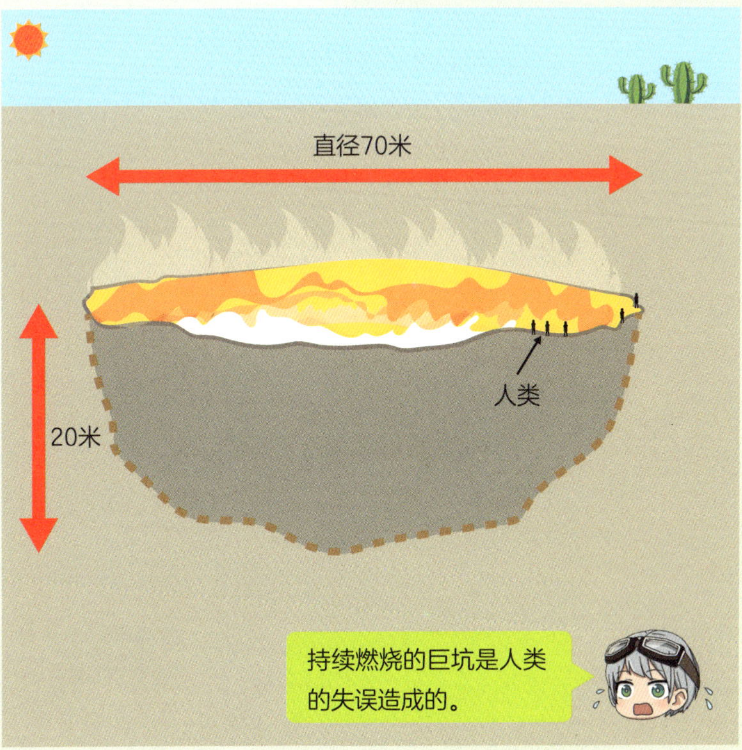

为了找油田而开挖

当时，技术人员开始在沙漠的地面上挖掘，但由于他们没有仔细确认土地的状态就动用大型机械开挖，地面无法承载这些重量，所以发生了大面积坍塌。挖掘现场的地下似乎已经存在较大的空间，于是形成了一个直径约70米、深度约20米的大坑。

当时没有造成任何死伤，可以说是不幸中的万幸，但这之后问题就来了。

点燃天然气后更麻烦了

坑中喷出大量天然气（主要成分是甲烷），还有发臭的硫化氢有毒气体。

于是，科学家们决定点燃这些天然气。他们以为，天然气燃烧几个星期后就会烧光，到时候火熄灭就安全了。

然而，这又是一个错误的判断。因为天然气并没有烧光，而是一直在燃烧。

会一直燃烧下去……

50多年过去了，“地狱之门”的天然气仍然在燃烧。天然气什么时候会烧光，现在也完全不清楚。

“地狱之门”下地层中的天然气，远比当时的科学家以为的要多得多。

当年人们错误地挖开了一个大坑，又错误地将其点燃，后果就是“地狱之门”要一直燃烧下去了。

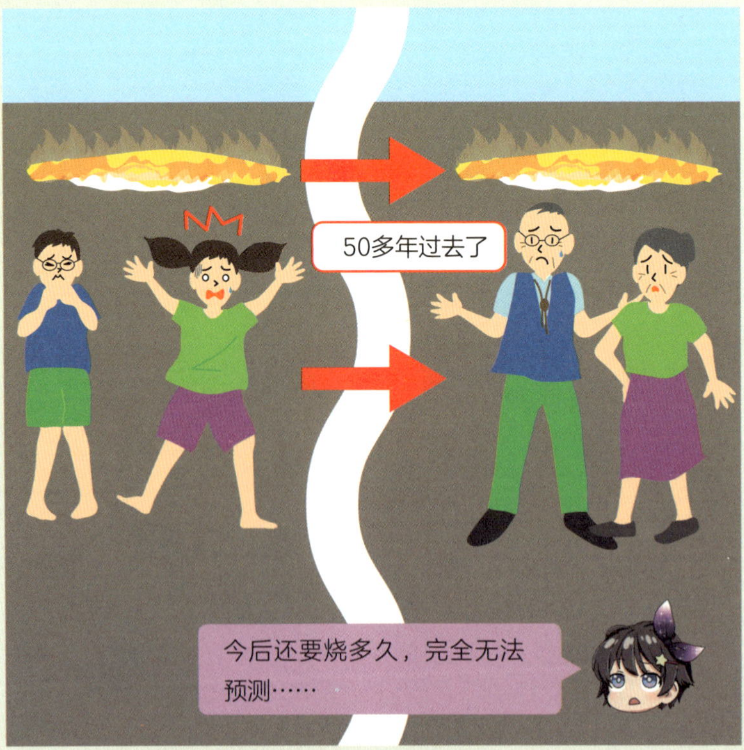

如今成了观光景点

“地狱之门”虽然是重重错误之下造成的不可挽回的结果，但持续燃烧的洞坑在世界上极其罕见，而且夜晚景观十分壮观。于是“地狱之门”成为有名的观光景点，很多游客为此造访土库曼斯坦。

“地狱之门”中的天然气燃烧会产生大量二氧化碳，这也是一大问题。

第 4 章

神不知鬼不觉中转移的死亡谷怪石

搬动一大块岩石很难。可是在美国有种岩石，自己就能移动！

巨大岩石自行移动？

美国加利福尼亚州的死亡谷国家公园中，曾有一个100多年来谁也解不开的谜。

那就是地面上有几百块岩石，会不知不觉间自行移动。大的岩石有100kg以上，它们也会移动，还会留下被某种“神秘力量”拖动的痕迹。

可是，没有人亲眼见过岩石移动的场景。

被冰与风移动

研究人员开展调查，弄清了这些岩石移动的原理。

死亡谷下大雨后，积水形成水池，夜里表面会结冰。可是到了早上，表面的冰融化、破裂，这时强风吹来，吹动破裂的冰无数次撞上岩石。结果，岩石就会一点一点地移动。

冰和水都会蒸发，只留下被移动过的岩石。

非常罕见的现象

要让这些岩石移动，需要具备雨、气温、太阳、风等各种条件。这个地区原本降雨很少，移动岩石的条件之一——下大雨要几年才有一次。因此，发生这种现象是非常罕见的。

对于这个不可思议的自然现象，研究人员仅确认这些岩石发生位移就用了两年，经过长期研究才弄清楚原因。

一年被雷劈 100 多万次——卡塔通博闪电

据说“雷不会两次打在同一个地方”，可是国外却有个地方，一年被雷劈100多万次……

整晚打雷的地方

注入委内瑞拉马拉开波湖的卡塔通博河河口附近，是世界公认雷最多的地方。这里一年中有200多天从晚上8点左右开始持续打雷近10个小时。总次数为1年120万次，被称为“卡塔通博闪电”。

为什么马拉开波湖中会发生这么多雷电呢？

导致每天打雷的地形

秘密就在于马拉开波湖附近的独特地形。马拉开波湖的北边有海，其余的全部方向都被群山包围。

首先，海洋吹来的暖风会被拦截在群山环绕的马拉开波湖。然后，周围的山脉里会吹来冷风。于是，暖湿空气与冷空气相遇，就产生了雷云。

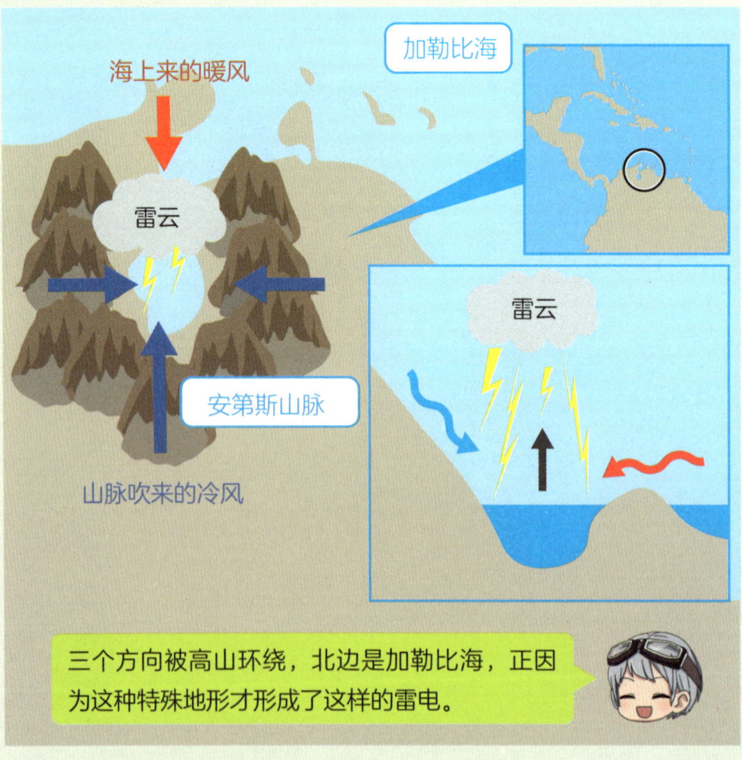

无声的雷

卡塔通博闪电还有个著名的特点，那就是即便发生这么多雷电，打雷却几乎没有声音。马拉开波湖面积广大，是南美洲最大的湖泊，即使能看到远处打雷，声音也传不过来。

这种无声的雷被称作“马拉开波灯塔”。据说大航海时代的海盗们在航海时，会把这些雷电当作代替灯塔的标记，用以辨认方向。

如同魔界入口般的蓝火焰山

篝火是红色的火焰，可自然界却有地方会喷发出蓝色的火焰。

喷蓝色火焰的火山

说起火山，大家可能会想到又红又亮的熔岩。可是，世界上还有能喷出蓝色火焰的神秘火山。那就是印度尼西亚爪哇岛东部的卡瓦伊真火山。

卡瓦伊真火山因在晚上喷出蓝色火焰而知名，因此成为著名旅游景点，是一座非常罕见的活火山。

为什么这座火山的火焰不是红色而是蓝色的呢？

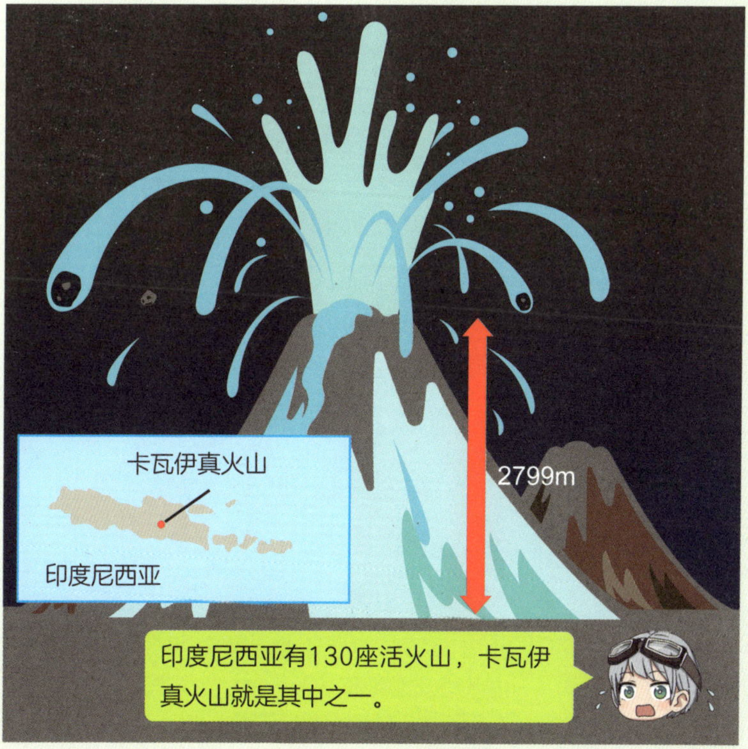

为什么火焰是蓝色的?

原因在于卡瓦伊真火山喷出的二氧化硫，这种气体燃烧时会发出蓝光。部分气体向外喷出时会变成液体，一边冒着蓝色的火焰，一边从火山口向下流动。这样，卡瓦伊真火山的火山口看起来就像有美丽的蓝色火焰在流淌。

气体持续喷出，总能看到蓝色火焰，这样的地方全世界也就只有印度尼西亚和北极有。

强酸性的火山口湖

卡瓦伊真火山的火山口湖因火山中的化学物质而呈现出美丽的绿色。

不过受到火山影响，这也是个非常危险的盐酸湖。它是世界上最大的强酸性火山口湖，直径约为1千米。它能轻而易举地将金属溶化，真是个危险的湖。

因此，卡瓦伊真火山的蓝色火焰、绿色的火山口湖都是与死亡比邻的神秘风景。

为什么走火炭不会烧伤？

走火炭是世界各地都有的一项庆祝仪式。这是怎么做到的呢？

走火炭的节日

日本东京都的高尾山每年都举办“火渡祭”，修行的人要赤脚走在烧得发红的火炭上。此外，非洲、欧洲也有类似的仪式，举办目的多种多样。

可是，火炭的温度有几百摄氏度，人接触60℃的热水都会烫伤，为什么能在几百摄氏度的火炭上走而不被烧伤呢？

木炭不易传热

用手取出冰箱里冰镇的PET塑料瓶和罐装果汁，会感觉到金属罐更凉。这是因为金属具有比PET瓶更容易导热的性质。

木炭恰恰相反，与其他物质相比更不容易导热。因此，短时间内即使接触火炭，脚也不会被烧伤。

人的身体不容易升温

人之所以能走火炭，还有其他原因。

人体约60%是水分，水的温度也是相对不容易变化的。因此，即使人的脚接触热的东西，体温也不会瞬间就升高。

而木炭的温度容易发生变化。因此，脚踩到木炭会使其立刻冷却，就不会觉得脚太烫了。

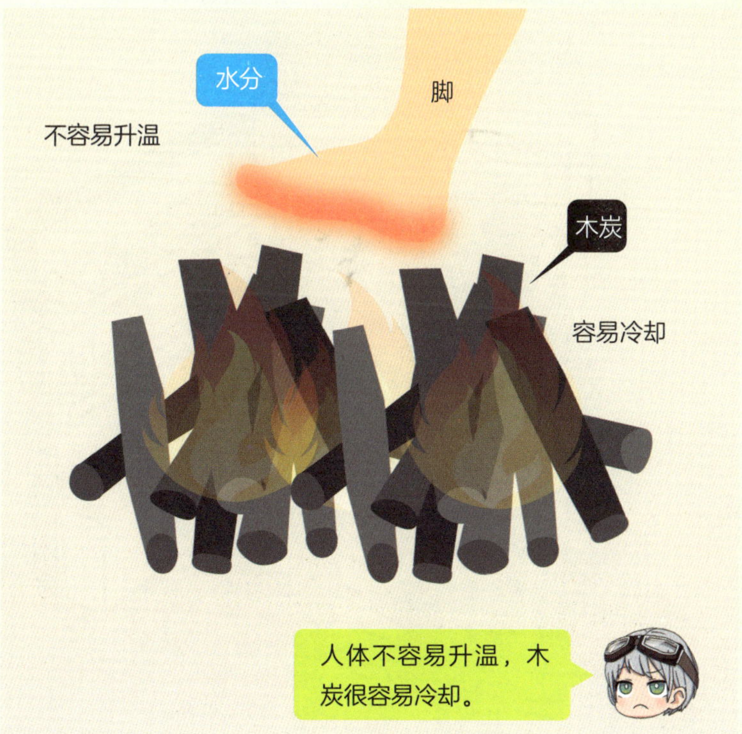

第 4 章

木乃伊为什么可以千年不腐?

埃及有几千年也不会腐烂的木乃伊，其他国家却很少听说过木乃伊的存在，这是为什么呢?

为什么要做木乃伊？

在古埃及，人们相信“人死后会重生，在来世继续活下去，为此要保存好遗体”。

因此，国王等身份高贵的人死后，为防止遗体因细菌滋生而腐烂，要进行加工处理来抑制细菌的滋生，以保存遗体。这种经过加工的遗体就是木乃伊。

不让遗体腐烂的技巧

在古埃及，为延缓遗体腐烂，首先要剖开尸体，取出心脏以外的内脏和大脑。取出人体中最容易腐烂的内脏后，遗体就不那么容易腐烂了。古埃及人会非常小心地处理心脏。

此外，为制作不腐烂的木乃伊，还要将蜂蜜、植物油、树脂等用作防腐剂。

在埃及，木乃伊不容易腐烂

最重要的原因还是埃及的空气非常干燥。制作木乃伊需要让尸体充分干燥，因此，在空气干燥的埃及再合适不过了。

相反，如果在湿度高的地区，人们就很难将尸体进行干燥处理后做成木乃伊，因此，在日本这样湿度高的地方，就没有人像古埃及人那样保存遗体。